MUCİZELER YAĞARKEN

Pegasus Yayınları: 1021
Bestseller Roman: 449

Mucizeler Yağarken
Kristin Hannah
Özgün Adı: Comfort & Joy

Yayın Koordinatörü: Yusuf Tan
Editör: Tüvana Zararsız
Düzelti: Halûk Kürşad Kopuzlu
Sayfa Tasarımı: Meral Gök

Baskı-Cilt: Alioğlu Matbaacılık
Sertifika No: 45121
Orta Mah. Fatin Rüştü Sok. No: 1/3-A
Bayrampaşa/İstanbul
Tel: 0212 612 95 59

4. Baskı: İstanbul, Mart 2020
ISBN: 978-605-343-476-4

Türkçe Yayın Hakları © PEGASUS YAYINLARI, 2015
Copyright © Kristin Hannah, 2005

İlk olarak Random House, Inc.'in altyayıncısı Ballantine Books tarafından
2005 yılında ABD'de yayımlanmıştır.

Bu kitabın Türkçe yayın hakları Jane Rotrosen Agency'den
Nurcihan Kesim Telif ve Lisans Hakları Ajansı aracılığıyla alınmıştır.

Yayıncı Sertifika No: 45118

Pegasus Yayıncılık Tic. San. Ltd. Şti.
Gümüşsuyu Mah. Osmanlı Sk. Alara Han
No: 11/9 Taksim / İSTANBUL
Tel: 0212 244 23 50 (pbx) Faks: 0212 244 23 46
www.pegasusyayinlari.com / info@pegasusyayinlari.com

 pegasusyayinlari pegasusyayinevi pegasusyayinlari Pegasus Yayınları

KRISTIN HANNAH

MUCİZELER YAĞARKEN

İngilizceden Çeviren:
SOLİNA SİLAHLI

PEGASUS YAYINLARI

Benjamin'e…

Birinci Bölüm

"Tehlikeli iştir kapıdan çıkmak...
Yola adımını attığın zaman bastığın yere bakmazsan
nereye düşeceğini bilemezsin."
—J. R. R. Tolkien

Bu yılki "yapılmayacaklar" listemin yıldızı Noel partileri… Süslemeler, ağaçlar, ökse otları (kesinlikle yok), aile konulu tatil filmleri ve hatıralar da bu sezon uzak duracaklarımın arasında.

Fakat en çok da hatıralardan uzak duracağım. Geçen yıl Noel'i bu dünyada en çok sevdiğim iki insanla; kocam Thomas ve kız kardeşim Stacey'yle evimin oturma odasında geçirmiştim.

Fakat on iki ayda çok şey değişebiliyor.

Şimdi mutfağımda durmuş, saklama kaplarına kremalı Noel Baba kurabiyeleri diziyor ve her bir sıranın arasına yağlı kâğıt koyuyorum. Ardından adımı kalın, siyah harflerle bir parça kâğıt bandın üstüne yazıyorum: Joy Candellaro. Sonra işe gitmek üzere siyah kot pantolonumu ve yeşil bir hırka ve bluzdan oluşan takımımı giyiyorum. Son anda aklıma halka şeklindeki küçük küpelerimi takmak geliyor. Neşeli *görünürsem* insanlar da bana nasıl olduğumu sormaktan vazgeçer belki. Tozpembe kapları kucağımda dengeleyerek evin kapısını kilitleyip garajın yolunu tutuyorum. Arabanın ön kısmından dolaşırken arkadaki duvarın dibine dizilmiş olan dosya dolaplarının yanından yan dönerek geçiyorum. Hayallerim bu metal dolapların içinde, yalnızca kütüphanecilere özgü bir titizlikle düzenlenmiş halde duruyor.

Egzotik bölgeler ve uzak yerlerle ilgili okuduğum bütün yazıları saklıyorum. O yazıları okuyup fotoğraflara bakarken bir maceraya atıldığımı hayal ediyorum.

Bu hayali tam on yıldır kuruyorum ama son üç aydır bekâr olduğumu ve öncesinde de Thom'dan sekiz ay ayrı kaldığımı düşününce uygulamacı değil, hayalci biri olduğumu söylemem daha doğru olur. Boşandığımdan beri ne dosyalara bir ekleme yaptım ne de dolaplardan birini açtım.

Onları geride bırakıp bordo renkli Volvo'ma bindim ve arkamdaki garaj kapısı açılınca garaj yoluna çıktım.

Bu, Noel'den önceki son cuma ve saat henüz çok erken. Sokak lambaları hâlâ yanıyor ve şafak öncesi karanlıkta etrafa koni şeklinde, parlak sarı ışıklar yayıyorlar. Arabam garaj yoluna çıktığı anda farlar evimi aydınlattı. Ev... bu suni ışığın altında solgun ve bakımsız görünüyor. Çok sevdiğim gül ağaçları iyice büyümüş ama dalları çıplak. Saksılar kurumuş sardunyalarla dolu.

Bir anı, yaz ortasında çakan bir şimşek gibi zihnimde belirip kayboldu.

İşten erken dönüyorum ve kocamın arabasını garaj yolunda görüyorum. Güller açmış ve her yanı çılgınca sarmış.

Bir buket yapmak için birkaçını kesmeyi düşündüğümü hatırlıyorum.

Eve girince paltomu akçaağaçtan yapılmış sıraya fırlatıyorum ve ona seslenerek üst kata çıkıyorum.

Sesleri duyduğumda merdivenlerin ortasına gelmiştim.

Zihnimde ve anılarımda kapıyı tekmeliyorum. İnsanlara böyle anlattım. Gerçekteyse kapıyı açacak gücü kendimde zor bulmuştum.

Çıplak, terli bedenleriyle benim yatağımda alt alta üst üsteler.

Aptal gibi orada durup onları izliyorum. Kocamın benim varlığımı, benim onun varlığını *hissettiğim* şekilde hissedeceğini, başını kaldırıp beni gördüğü anda kalp krizi geçireceğini ya da gözyaşlarına boğulup benden af dileyeceğini, hatta kalp krizi geçirirken benden af dilemeye çalışacağını falan düşünmüştüm.

Sonra kadının yüzünü görüyorum ve o korkunç an, dehşet verici bir ana dönüşüyor. O kadın benim kız kardeşim.

Şimdi evimin önünde üzerinde "Satılık" yazan bir tabela var. Aslında aylardır orada ama kimi kandırıyorum ki? Bitmiş bir evlilik herkesi korkutur. Masmavi, durgun bir denize taş atmak gibi bir şey bu; sürekli bir dalgalanma yaratıyor. Uğursuz bir evi kim ister?

Gaza sertçe basıp yola çıkarken anıları dikiz aynasına bıraktım.

Keşke hep orada kalsalar... Fakat tepeme üşüşen yolcular gibi içeriyi havasız bırakıyorlar.

Artık kimse bana ne diyeceğini bilemiyor. Onları suçlayamam ki... Ben de ne duymak istediğimi bilmiyorum. Çalıştığım okul kütüphanesinden içeri girmemle birlikte fısıltıların kesildiğini fark ediyorum. Ardından gelen sessizlikse çok can sıkıcı.

Her şey yolundaymış gibi davranarak arkadaşlarımın işini kolaylaştırıyorum. Bu yıl bunu çok fazla yapmam gerekti. Gülümseyip rol yapmaktan bahsediyorum. Başka ne yapabilirim ki? İnsanlar boşanmanın üstesinden gelmemi beklemekten yoruldu. Eski hayatıma dönmem gerektiğini biliyorum ama bunu yapamıyorum ve yeni bir hayata başlayacak gücüm de yok. Oysa asıl istediğim buydu. Üstelik bunu çok uzun zamandır yapmak istiyordum.

Köşeden sola dönüyorum. Bakersfield sokakları sabahın bu saatinde çok sessiz. Liseye vardığımda saat yediyi biraz geçiyor. Arabamı otoparka park edip kurabiyeleri alıyorum ve içeri giriyorum.

Resepsiyonda duran okul sekreteri Bertha Collins bana gülümsüyor. "Merhaba, Joy."

"Merhaba, Bertie. Bu geceki parti için kurabiye getirdim."

Bertie'nin yüzünde endişeli bir ifade belirdi. "Sen gelmiyor musun?"

"Bu yıl gelmiyorum, Bertie. Kutlama yapacak havada değilim."

Bertie yüzünde anlayışlı bir ifadeyle bana bakıyor. İki defa boşanmış bir kadın olarak beni anladığını sanıyor ama bu mümkün değil. Beni gerçekten anlayamaz. Bertie'nin üç çocuğu, iki ebeveyni ve dört kız kardeşi var. Ben bu sayıyı tutturamadım. "Kendine iyi bak, Joy. Boşanmadan sonraki ilk Noel biraz..."

"Evet, biliyorum." Gülümsemeye çalışıp yürüdüm. Geçen yıl bu teknik çok işime yaramıştı. *Yürümeye devam et.* Koridordan geçip soldaki kafeteryaya döndüm ve mekânıma, yani kütüphaneye gittim.

Asistanım Rayla Goudge çoktan gelmiş. Rayla, Çingene tarzı kıyafetler giyip bütün notlarını haiku şiirleri tarzında yazmaya çalışan kır saçlı, enerjik bir kadındır. O da benim gibi California Üniversitesi öğretmenlik programı mezunu. Beş yıldır birlikte çalışıyoruz ve bunun her anından büyük bir keyif alıyoruz. Mayıs ayında kütüphanecilik yüksek lisansını bitirdiği zaman başka bir okula gideceği için onu kaybedeceğimi biliyorum ama bu da düşünmek istemediğim meselelerden biri.

Önündeki evrak yığınından başını kaldırıp bana, "Günaydın, Joy," diyor.

"Selam, Ray. Paul'ün nezlesi geçti mi?"

"Daha iyiye gidiyor. Teşekkürler."

Çantamı tezgâhın arkasına bırakıp işe koyuldum. Önce bilgisayarlarla başladım. Sıraların arasından geçip öğrenciler için bütün bilgisayarları açtım ve dünkü gazetelerin yerine bugünküleri koydum. Sonraki altı saat boyunca Rayla'yla birlikte çalışıp katalog sistemini kontrol ettik, süresi dolmuş duyuruları kaldırdık, yeni kitapları sisteme girdik ve rafları yeniden düzenledik. Şanslı olduğumuz günlerde öğrencilerden biri yardımımıza gelirdi ama bu internet çağında artık araştırmalarını evden de kolayca yapabiliyorlar. Okulun yarıyıl tatilinden önceki bu son gününde kütüphane bir mezar kadar sessiz.

Düşünmek istemediğim bir diğer şey de yarıyıl tatili. Bu iki buçuk haftalık boşlukta ne yapacağım?

Eskiden bu tatili iple çekerdim. Okul kütüphanesinde çalışmak istememin sebeplerinden biri de buydu. On beş yıl önce üniversitedeyken tatil dönemlerinde egzotik yerlere seyahat ettiğimi hayal ederdim.

"Joy, iyi misin?"

Geçmişe dair anıların içinde öylesine kaybolmuşum ki Rayla'nın benimle konuştuğunu hemen fark edemedim. Elimde *Madam Bovary*'nin eski, yıpranmış bir kopyasıyla kütüphanenin ortasında duruyorum.

Zil çaldı. Kapılar açıldıkça duvarlar titreşiyor, çocuklar gülüşüyor, koridorlardan ayak sesleri yükseliyor.

Kış tatili başladı.

Rayla yanıma gelip, "Seni partiye götürmemi ister misin?" diye sordu.

Bunu gerçekten düşünüyormuş gibi yaparak, "Parti mi?" dedim. "Hayır, teşekkürler."

"Gelmiyorsun, öyle mi?"

Rayla tek bir bakışıyla savunma kalkanımı kırma gücüne sahip. "Hayır."

"Ama..."

"Bu yıl gitmek istemiyorum, Ray."

Rayla iç çekti. "Peki, bu gece ne yapacaksın?"

Tatilin ilk gecesinin özel olduğunu ikimiz de biliyoruz. Geçen yıl bugün, akşam Stacey'yle buluşup yemek yemiş, sonra da birlikte alışveriş merkezine gitmiştik. Thom'a kusursuz bir hediye almak için uğraşıyordum.

Meğer o hediye kız kardeşimmiş...

Bunlar hatırlamaktan kaçındığım anılar ama tıpkı asbest gibi görünmez ve çok tehlikeliler. Onlardan korunmak için özel bir zırha ihtiyacım var.

Rayla koluma dokundu. "Ağacını süsledin mi?"

Başımı iki yana salladım.

"Süslemene yardım edebilirim."

"Hayır, teşekkürler. Ben süslerim."

"Süslemeyi düşünüyor musun, peki?"

Rayla'nın o güzel gri gözlerine baktığımda gülümsemek inanılmaz derecede kolay oluyor. "Süsleyeceğim."

Koluma girdi ve birlikte sessiz kütüphaneden çıkıp lisenin kalabalık, yoğun koridorlarından geçtik. Etrafımız kahkahalar atıp beşlik çakan öğrencilerle dolu.

Rayla otoparkta bana arabama kadar eşlik etti ve sonra durup bana baktı. "Tatilde seni yalnız bırakmayı hiç istemiyorum. Paul'le Minnesota yolculuğumuzu iptal mi etsek?"

"Sakın böyle bir şey yapma. Siz eğlenmenize bakın. Ben başımın çaresine bakarım."

"Sen ve Stacey..."

"Sakın o konuya girme," dedim sertçe ve ardından, "Lütfen..." diye mırıldandım.

"Thom'dan ayrılacak, göreceksin. Aklı başına gelecek." Rayla bunu bana kim bilir kaç defa söylemiş, ben de kim bilir kaç defa kendime aynı şeyi tekrar etmiştim.

"Neden hep hayalini kurduğun Machu Picchu ya da Londra gibi bir yere gitmiyorsun?"

"Belki giderim," dedim. Hep böyle diyorum ama ikimiz de gerçeği biliyoruz; tek başıma gitmekten korkuyorum.

Rayla elimi okşayıp yanağıma bir öpücük kondurdu. "Pekâlâ, ocak ayında görüşürüz, Joy."

"Mutlu Noeller, Rayla."

"Sana da..."

Rayla arabasına gidip otoparktan uzaklaşana kadar onu izledim. Sonra ben de arabamın şoför koltuğuna yerleştim ve ön camdan dışarıya baktım. Motoru çalıştırdığımda radyo da açıldı. *Upon a Midnight Clear* şarkısının enstrümantal yorumu bana geçmişte kalan çok daha güzel günleri hatırlattı. Annem bu şarkıyı severdi.

Rayla haklıydı; Noel hazırlıklarına başlamalıyım. Daha fazla ertelemenin bir anlamı yok. Tatilleri gülümseyip rol yaparak geçiremem. Artık bu yeni bekâr hayatıma alışmalıyım.

Lisenin önünde trafik sıkışık ve çocuklar arabaların camlarından birbirlerine laf yetiştiriyor. Fakat Almond Caddesi'ne vardığımda yol boşaldı.

Beşinci Cadde'den sola döndüm ve 104. İzci Birliği'nin yıllık ağaç satışına başladığı Chevron İstasyonu'nun yanındaki otoparka girdim. Akşam saatlerine yaklaştığımız bu cuma gününde stokların neredeyse tamamen tükendiğini ve dallarda yeşilden çok kahverengi yaprakların olduğunu hemen fark ettim. California'nın bu bölgesinde ağaçlar çabuk bozulur ve ben de karar vermek için fazla zaman harcadım.

Beşinci Cadde ve Almond Caddesi'nin birleştiği köşedeki yapay ormanda gezinirken arada bir yabancıları ya da tanıdıklarımı selamlıyor, kusursuz bir ağaç arıyormuş gibi yapıyorum. Asıl amacımsa onlarla göz temasından kaçınmak. Sonunda daha fazla dayanamayarak sol tarafımdaki ağaçlardan birini seçip bana yardım edecek bir çocuk buldum ve cüzdanıma uzandım.

Ödemeyi yaptığım genç izci bana faturamla birlikte bir kâğıt mendil uzattı.

Ağlıyorum. *Harika.*

Ağaç, arabama yüklenirken acınacak haldeyim. Burnumu çekiyor, ağlıyor, titriyorum.

Bankamatiğin yanında durduğumda hâlâ kendime gelmiş değilim. Neyse ki o halimi gören olmadı. Aniden iki yüz elli dolar çekmeye karar verdim. Bu ağacı süsleyeceksem yeni süslere de ihtiyacım olacak. Evli olduğum sürece topladıklarımı artık kullanamam. Ayrıca Noel sabahı açmak üzere kendime güzel bir de hediye almaya karar verdim.

Kendim için para harcama fikri beni mutlu etmeli. Ne de olsa bu, biz okul kütüphanecilerinin pek sık yaptığı bir şey değil.

Oturduğum muhite doğru ilerlerken en azından ben kendime böyle söylüyorum.

Madrona Yolu pek güzel bir muhit sayılmayan Bakersfield banliyösündeki güzel bir caddeye yaraşır, güzel bir isim. Bu bölgede yetişmeyen bir ağacın ismiyle anılan bir sokakta yaşamanın ironisiyse her zaman hoşuma gitmiştir; özellikle de müteahhitler bölgede yetişmeye cüret eden her türlü yeşilliği yok etmeye bu kadar meyilliyken... Ev, kocamla birlikte onu ilk gördüğümüzde çok bakımsızdı ve ihmal edilmişti. Çıkmaz sokakta çimleri biçilmemiş, çitleri boya gerektiren tek evdi burası. Emlakçıya göre bu, bizim gibi genç bir çift için bir fırsattı. Banyonun çürük zemininde yürürken kadın bana yanaşıp evin eski sahiplerinin olaylı bir şekilde boşandığını kulağıma fısıldamıştı. Tam anlamıyla bir *Güller Savaşı*'ymış.

Buna hepimiz gülmüştük ama şimdi bunun o kadar da komik olmadığını anlıyorum.

Eve varmak üzereyken Stacey'nin garaj yolunda beklediğini görüyorum. Üstelik tek başına...

Frene bastım.

Ön camdan birbirimize baktık ve beni görür görmez ağlamaya başladı. Ben de ona katılmamak için kendimi zor tutuyorum.

Thom'la ilişkisinin bittiğini söylemeye geldi, diye düşünüyorum. Hep bu anı beklemiştim ama şimdi ne yapacağımı bilemiyorum. Onu affetmediğim sürece Stacey'yle bir geleceğimiz olamaz ama kocanızla yatan kız kardeşinizi nasıl affedebilirsiniz ki? Tekrar gaz pedalına basıp garaj yoluna girdim ve arabadan indim.

Stacey durduğu yerden bana bakarken montuna iyice sarınıyor. Gözyaşları yanaklarını ıslatmış.

Bu kâbus başladığından beri birbirimize ilk kez gerçekten bakıyoruz ve içimin öfke yerine inanılmaz bir özlemle dolduğunu fark ediyorum. Aklıma ona dair, bize dair sayısız anı geliyor. Issız yollardan geçtiğimiz şu meşhur aile seyahatimizi hatırlıyorum. O berbat Volkswagen minibüste annem, Helen Reddy'nin şarkılarını avazı çıktığı kadar söylerken Eve marka sigaralarının birini söndürüp diğerini yakıyordu.

Yavaş yavaş Stacey'ye yaklaştım. Kız kardeşime bakarken yine kendimi aynaya bakmış gibi hissediyorum. İrlandalı ikizler... Annem bize hep böyle derdi. Aslında aramızda on iki ay bile yok. İkimizin de dalgalı, bakır kızılı saçları, solgun, çilli bir teni ve mavi gözleri var. Aslında Thom'un neden ona âşık olduğunu anlıyorum; kardeşim benim genç ve güler yüzlü versiyonum.

Stacey bana doğru bir adım atıp konuşmaya başladı.

Ondan ayrılıyorum.

Başka bir şey söylediğiniyse ancak bir süre sonra fark edebildim. Kaşlarımı çatıp geri adım attım. "Ne?"

"Böyle devam edemeyiz. Böyle bir zamanda küs kalamayız. Noel'deyiz."

Altüst oldum, kafam iyice karıştı. "Noel olduğu için seni affetmeliyim yani, öyle mi?"

"Beni affetmeyeceğini biliyorum ama Thom'la aranızdaki ilişki bitmişti..."

"Sorunlarımız vardı..." Sözlerimi nasıl bitireceğimi bilemiyorum. Böyle bir konuşma yapmamız bile saçma.

Stacey gerginliğinin bir göstergesi olarak alt dudağını ısırıp bana kalın, beyaz bir zarf uzatıyor. Zarfta ne olduğunu hemen anladım.

Bu bir düğün davetiyesi ve o kutsal tören 6 Haziran'da gerçekleşecek.

Suratımın tam ortasına bir yumruk yemiş gibi hissediyorum. "Şaka yapıyorsun, değil mi? Senin ondan ayrılman gerekiyordu... onunla evlenmen değil."

Stacey yavaşça montunun önünü aralıyor. Üzerinde kırmızı kadife pantolonu ve geyik desenli beyaz kazağından oluşan Noel kıyafeti var. Benim karnımdan daha düz olan karnına dokunarak, "Hamileyim," diyor.

Ve işte aylar süren kendimi toparlama uğraşlarımdan sonra asla üstesinden gelemeyeceğim şey de oldu. Beş yıl boyunca bir bebeğin hayalini kurmuş, Thom'a ailemizi büyütmek için yalvarıp durmuştum. Fakat o hiçbir zaman buna "hazır" olamamıştı. Şimdi sebebini anlıyorum. Sorun bendim. Thom benden çocuk istemiyordu.

Stacey şimdi çok daha şiddetli bir şekilde ağlıyor. "Üzgünüm, Joy. Bir bebeğinin olmasını ne kadar çok istediğini biliyorum."

Ona bağırmak, acımı yüzüne vurmak, hatta ona tokat atmak istiyorum ama nefes bile alamıyorum. Gözlerimdeki yaşlar görüşümü bulanıklaştırdı, sıradan gözyaşları değil bunlar. Gerçekten canım yanıyor. Bunu bana, bize yaptığına inanamıyorum. Bizim gibi ayrılmaz bir ikili nasıl bu hale gelebildi?

"Seni kırmayı asla istemedim..."

Onu daha fazla dinleyemedim. Bir darbe daha yersem buracıkta, garaj yolunun ortasında dizlerimin üstüne düşeceğim ama zaten geride bıraktığımız yılın her gününü ayakta kalmaya çalışarak geçirdim. Kardeşime arkamı dönüp arabama doğru koştum. Bir yanım bana seslendiğini, adımı haykırdığını duyuyor ama umursamıyor. Kelimeler lastik gibi uzayıp giderek anlamsız sözlere ve harflere dönüşüyor. Hiçbiri anlamlı gelmiyor.

Tekrar arabama binip motoru çalıştırdım ve geri geri giderek boş yola çıktım.

Nereye gittiğime dair en ufak bir fikrim yok ve umurumda da değil. Tek istediğim, evimin garaj yolundaki o düğün davetiyesinden ve kız kardeşimin rahminde büyümekte olan bebekten kilometrelerce uzaklaşabilmek.

Havaalanı tabelasını görünce içgüdüsel olarak o tarafa döndüm. Belki de kader ağlarını örmeye başlamıştır. Arabamı park edip terminale girdim.

Terminal küçük ama bu cuma gününde kalabalık. Belli ki tatil zamanı insanlar yaşadıkları yerlerden biraz uzaklaşmak istiyor. Kalkış panosuna bakıyorum.

Hope[1].

İçim ürperiyor; Spokane veya Portland gibi sıradan şehirlerin arasına yerleştirilmiş olan bu kelime, listeye hiç uymamış. Delirdiğimi ve hayal görüyor olabileceğimi düşünerek gözlerimi kırpıştırıp tekrar bakıyorum.

Hope hâlâ yerinde. British Columbia'da bir yer. Kanada'da...

Bankonun önünde kuyruk yok. Hâlâ uyanmayı bekliyormuş gibi yavaş yavaş yürüyorum ama oraya vardığımda kadın bana bakıyor.

"Size nasıl yardımcı olabilirim?"

"Hope'a giden uçakta... boş yer var mı?"

Kadın kaşlarını çatıyor. "Bu tarifeli bir sefer değil. Bir saniye." Bilgisayar ekranına bakarken tırnaklarının klavyeye çarpan sesini duyabiliyorum. "Boş yer var ama koltuklar toplu olarak satın alınmış." Kadın etrafına bakınıp üzerinde kamuflaj desenli bir kıyafet olan iri yarı adamı görünce, "Onunla konuşun," diyor.

Aslında yabancı erkeklerle rahatça konuşabilen biri değilimdir, özellikle de Burl Ives'ın büyük bir avın peşine düşmüş haline benzeyen biriyle... Ama temkinli olmanın sırası değil. Çaresiz durumdayım. Bu şehirde biraz daha kalırsam çığlık atmaya başlayabilirim. Stacey'nin biraz daha "konuşabilmek"

---

1   (İng.) Umut. (ç. n.)

için hâlâ garaj yolumda beklediğinden eminim. Çantamı kolumun altına sıkıştırıp adamın yanına gittim.

"Affedersiniz." Gülümsemeye çalıştıysam da başarılı olamadım. "Hope'a gitmek istiyorum."

Adam sırıtarak bana bakıyor. "Orada pek bir şey bulamazsın. Senin gibi şehirli kızlara göre bir yer değildir."

"Bazen yalnızca uzaklaşmak bile yeterlidir."

"Anlıyorum. Şey... eğer istiyorsan bir tane fazla koltuğumuz var. Yüz dolar senin için uygun mu? Ama dönüş için kesin bir tarih veremem. Biz kafamıza göre takılırız."

"Ben de öyle." Başka zaman olsa bu lafıma gülerdim çünkü gerçekleri yansıtmıyordu ama şu an için mantıklıydı. Hem zaten geri dönmem gerektiğinden bile şüpheliyim. Neler olacağını kim bilebilir? Sıradan hayatımda açılmış küçük bir boşluk bu. Tek yapmam gereken o boşluktan içeri dalmak. Noel ikramiyem de yanımda. "Pasaport gerekli mi?"

"Hayır. Ehliyet yeterli."

Buradan hemen ayrılıp Seattle'da aktarma yapabilir, kimliğimi gösterip gümrükten geçerek gece yarısı Hope'ta olabilirim. Markette ne alacağıma karar vermek için harcadığım zamandan daha kısa bir sürede karar vermeliyim.

Çantamdan cüzdanımı alıp parayı çıkardım. "Geliyorum."

* * *

Bir saat sonra elimde Hope biletimle kapıda bekliyorum. Etrafım konuşup kahkahalar atan adamlarla çevrili. Sürekli beşlik çakıyorlar. Anladığım kadarıyla avcılar. Hani şu evlerini toynaklarla dekore eden adamlardan... Çocuklarından ve eşlerinden uzakta büyük bir ava çıkıyorlar ve daha uçak kalkmadan eğlenmeye başlamışlar. Aralarındaki sessiz, yorgun kadın umurlarında değil. Boş koltuklardan birine oturdum. Yanımda bir dergi var: *Avcılık ve Balıkçılık Dergisi.* Bir kütüphaneci ne bulsa okuduğu için dergiyi alıp sayfalarını karıştırıyorum. Hayvanların içini doldurma tekniklerini gösteren fotoğraflar kadar avcı barınaklarının fotoğrafları da kanımı dondurdu. Sonunda sayfaları çevirip güzel, eski tip bir kulübenin fotoğrafını görüyorum. Huzurlu Balıkçı Kulübesi adındaki bu mekân, insanları bir süreliğine gelip orada dinlenmeye davet ediyor.

Bir süre dinlenmeye...

İyi fikir. İnce dergiyi katlayıp çantama atıyorum. Eve döndüğümde yazıyı alfabetik sıraya göre dizdiğim hayallerimin arasına koyacak ve o huzurlu kulübeyi günün birinde ziyaret edeceğim. Dergiyi, içi ağzıyla bir dolu olan çantama sığdırmaya çalışırken fotoğraf makinemin kılıfının pürüzlü derisini hissettim ve makineyi sıkıca kavrayıp çantamdan çıkardım.

Dijital kameralar hiç bana göre değil. Bence asıl fotoğraf makinesi budur. Siyah gümüş renklerde ağır bir Canon SLR... Onu kılıfından çıkarıp boynuma astım ve mercek kapağını açtım.

Bilinmeze doğru bir yolculuğa çıkıyorsam bu önemli olayı belgeleyecek fotoğraflara ihtiyacım olacak.

Kapının, diğer yolcuların, kirli camın ötesindeki pistin fotoğraflarını çektim. Kendi fotoğrafımı bile çekmeye çalıştım. Bir süre kendimi bununla oyalasam da gerçekler yeniden zihnime üşüşmeye başladı.

Stacey, Thom'la evlenip onun çocuğunu dünyaya getirecek.

Üstesinden gelemeyeceğim kadar çok acı çekiyorum. Gözyaşları gözlerimi yine acıtmaya başladı. Onları tahammülsüzce sildim. Ağlamak ve bu yarım kalmışlık hissi beni çok yordu ama bunu nasıl değiştirebileceğimi de bilmiyorum. Tek bildiğim, kız kardeşimin otuz yıldan fazla süredir en büyük dayanağım olduğuydu. Şimdiyse kumda yürüyor gibiyim. Kendimi hiç bu kadar kaybolmuş ve yalnız hissetmemiştim. Gözlerimi kırpıştırıp dua ederek gözden kaybolmayı becerebilseydim bunu kesinlikle yapardım.

Hoparlörden benim uçuşum anons ediliyor ve adamlar bütün ayakları aynı anda hareket eden, kıyafet giymiş bir kırkayak gibi yürüyor. Ben de arkalarından sessizce ilerliyorum.

Uçağın en arka sırasında kendime bir yer buldum. Koltuğumun kol yaslama kısmı tuvaletin kapısına değecek kadar yakın. Bu durumdan bir anlam çıkarmaya çalışmadan oturup emniyet kemerimi taktım ve küçük, oval pencereden çökmeye yüz tutan akşamı izledim. Adamların hepsi uçağın ön sıralarına dizilmiş, konuşup gülüşüyor. Çok geçmeden havalanıp karanlık gökyüzünde süzülmeye başladık.

Derginin sayfalarını tekrar çevirmeye başladım. Olympic Yağmur Ormanları'yla ilgili bir makale dikkatimi çekti. Washington Eyaleti'ndeki bu yağmur ormanları yüzlerce kilometrelik kıyı şeridiyle sivri dağların arasında kalmış. Ağaçlar devasa boyutta ve çok yaşlı. O sonsuz yeşilliğin yatıştırıcı yanı kendini bir şekilde hissettiriyor. Bir kadın böyle bir yerde kaybolabilir. Orada olsam yüzlerce muhteşem fotoğraf çekebilirdim, hatta...

"Böyle yapayalnız oturmaktan memnun musun?"

Başımı kaldırdım.

Gelen Burl Ives. Bana gülümseyince bıyıkları kalktı ve kocaman takma dişleri ortaya çıktı.

Cümlesinin başındaki "böyle yapayalnız" ifadesi beni benden aldı. "İyiyim," dedim ama bu, doğru olmaktan çok uzak.

"Bu arada ben Riegert; Riegert Milosovich."

"Memnun oldum. Ben de Joy."

"İyi tatiller, Joy. Verimli bir av olması için bize şans dile."

Avın verimli geçmesini içtenlikle dileyemeyeceğim için, "Dikkatli olun," dedim. Ben "Canlıları Öldürmeyin Kulübü"ne üyeyim. Üstelik erkeklerin içip içip tüfeklerine fişek doldurmaları bana çok aptalca geliyor. Ama sonuçta ne yaptıkları beni ilgilendirmez. "Koltuk için de tekrar teşekkürler. Sanırım Hope'ta biraz umut bulmak tam da ihtiyaç duyduğum şey."

"Hepimizin umuda ihtiyacı yok mu zaten?"

Adam tuvalete girip kapıyı kapattı ve birkaç dakika sonra da çıkıp koltuğuna doğru yürüdü. Tam ilk sıraya gelmişti ki bir gürültü koptu ve uçak sarsıldı. Riegert öne doğru dengesini kaybederek dizlerinin üzerine düştü.

Uçağın burnu yere doğru eğildi.

Yere.

Bu iyi bir şey değil. Uçağın yükselmesi gerekiyordu.

Sabit durabilmek için koltuğun kolçaklarına tutundum. Saçma olduğunun farkındayım ama oturduğum yerde duramamama rağmen kendimi daha iyi ve kontrol altında hissediyorum.

Uçak alçalıyor. Patlamadan önce "Tanrı'ya şükür" deyip gülümseyecek kadar vaktim var.

Uçak hızlı ve sert bir biçimde alçalıyor. Vücudum öne doğru savruldu ve emniyet kemeri beni geri çekti. Bez bebekler gibi koltuğa yapışırken boynumun çatırdadığını duydum. Kameram da sertçe kaburgama çarptı ve yukarıdan sarı oksijen maskeleri düştü.

Ön taraftan bir adam bağırıyor. Gırtlaktan gelen ve doğal olmayan korkunç bir sesi var. Başımı iki yana sallarken *HA-YIR!* diye düşündüm. Aklımdan yalnızca bu kelime geçiyor. Kalbim o kadar hızlı çarpıyor ki nefes alamıyorum.

Kabinin ön tarafındaki hostes bize başlarımızı eğip önümüzdeki koltuğa yaslamamızı söyledi ve çıkış noktalarını gösterdi.

Pilot araya girerek, "Kendinizi hazırlayın," dedi. "Kabin ekibi, yerlerinize oturun."

Bu bir türbülans değil.

Yere çakılacağız. İnsan böyle bir şeyin, yani uçağın yere çakılmasının bir anda olacağını sanıyor ama gerçekte her saniye bir saat gibi geliyor. Hayatınızın gözlerinizin önünden bir film şeridi gibi geçtiği de doğru.

Kardeşimin adını haykırıp eğildim ve acı içinde nefes alıp vermeye başladım. Onunla *konuşmalıydım*, söyleyeceklerini dinlemeliydim. Parmaklarım kolçakları sımsıkı kavradı. Nefes alıp verişlerim düzensiz ve şiddetli.

Pilot tekrar, "İnişe hazırlanın," dedi.

İniş. Bunu sanki programlı bir iniş gerçekleştiriyormuşuz gibi söyledi...

Uçağın önce burnu yere değdi.

Bu kez sesim metal gıcırtısını andıran acı bir feryada, çığlığa dönüştü.

Bir koltuk, bir valiz, bir de tepsiye benzeyen bir şey yanımdan uçarak geçti. Hız tünelinde gibiyiz. Hostes yuvarlanarak yanımdan geçti, hâlâ koltuğuna bağlı. Kadın yanımdan çığlık çığlığa geçip giderken onu dehşet içinde izlemekten başka bir şey yapamıyorum. Bir an için bakışlarımız kenetlendi ve sonra ışıklar söndü.

Tekrar çığlık attım ve bu kez kendimi durduramadım. Gırtlağımdan çıkan sesler duyulmuyor, muson ormanlarında esen meltemlerden farksız.

Her şeyi ağır çekimde görmeme rağmen uçağın; ağaçların, taşların ve çamurların arasında hızla ilerlediğini biliyorum.

Bir şeye çarparak ters döndük. Kameram gözüme çarptı.

Uçak sarsılıp gümbürdedikten sonra gıcırdayarak durdu.

Başım çatlayacak gibi.

Baş aşağı olduğumuzu fark etmem biraz zamanımı aldı. Emniyet kemerime asılı bir şekilde aşağıya sarkıyorum ve her yerim ağrıyor. Sol gözümün arkasından başlayan baş ağrısı, oraya sıcak bir ütü basılmış gibi hissediliyor. Ağzımda kan tadı var.

Fakat durduk. O korkunç metal sesi kesildi ve ortalığa sessizlik hâkim oldu. Üstelik ürkütücü bir sessizlik...

Uçağın içini saran duman, koltukları ve koridoru âdeta yutmuş durumda. Hiçbir şey göremiyorum. Önce öksürük, sonra hıçkırık sesleri yükseliyor.

Emniyet kemerimi çözerek yere düştüm. Başımı öyle sert bir şekilde çarptım ki bir an için bilincimi kaybettim. Kendime geldiğimde aklım karmakarışık. Sonra kendi kanımın tadını aldım ve bir şeyi fark ettim: Uçaktan çıkmalıyım.

Fakat duman her yeri sarmış durumda. Duvarları yalayıp koltuk döşemelerini saran alevleri görebiliyorum. Aç, turuncu diller her yeri yalayıp yutuyor.

Bir yandan öksürürken bir yandan da ağzımı ve burnumu kapatacak bir şeyler bulmak için etrafıma bakınıyorum.

Hiçbir şey yok. Uçağın içi iyice kararmış, duman ve alevler her yanı sarmaya başlamış. İnsanlar oturdukları yerlerden şimdi uçağın zemini haline gelen tavana iniyor. Paltomu çıkarıp yüzüme tutarak çıkışa doğru sürünmeye başladım. En azından oranın çıkış olduğunu ümit ediyorum... Tek bildiğim, önümde bir hareketlenmenin olduğu. Öksürük, ayak sesleri ve fısıltılar duyuyorum. Yerdeki delikler ve tümsekler yüzünden dizim çizildi. Başımı ansızın açılan kapaklara çarptım.

Yoğun duman bulutunun arasından yolumu bulmaya çalışıyorum. Döküntüleri bir kenara itip uçağın yan tarafı olması gereken yerdeki deliklerin üzerinden geçtim. Koltukların önünden geçerken baygın halde koltuğunda duran birilerinin olup olmadığını kontrol ettim ama kimse yok.

Sonunda bana göre saatler geçtikten sonra bir delik gördüm. Bir adam dışarı çıkmama yardım etmek için elini uzatmış. Saçlarının ve gömleğinin kana bulandığının, kolunun üst tarafına çiviye benzer bir şeyin saplandığının farkında değil gibi. "Bu taraftan," dedi yorgun ve titrek bir sesle.

"Bir doktora görünmelisin," dedim ağladığımı fark edince şaşırarak. Bu sözcükler içimdeki bir şeyi ortaya çıkardı. Bu öyle büyük bir şey ki içinde boğulup yok olacağımdan korkuyorum. Ama sonunda ayağa kalkabildim.

Adam başıma dokundu, elini çektiğindeyse parmakları kan içinde kalmış. "Sen de öyle," dedi. "İçeride bir tek sen mi kalmıştın?"

"Sanırım. Ben en arka sıradaydım." Arkama dönüp oturduğum yere baktığımda uçağın kuyruğundan geriye kalan siyah ve turuncu renkli deliği gördüm.

Bunu nasıl fark edememiştim?

Titriyorum ve başım ağrıyor. Yanaklarıma akan kanı hissederken adamın elini tuttum. O nasırlı, terli el bana kendimi güvende hissettirdi.

Dışarıdaki kadifemsi, sonsuz karanlık, alevlerin sardığı kabindeki gri sis bulutundan çok farklı.

Zemin ayaklarımın altında eziliyor ve her adımımda biraz daha çöküyor. Yürümeyi güçleştiren bir bataklığa benziyor. Başımı eğip ayaklarıma baktım. Bir tuhaflık var. Yer çekimi yok olmuş ya da bir şekilde değişmiş sanki. Birilerine, "Neredeyiz?" diye sormak istiyorum. Burası bildiğimiz bir yer değil. Hava sert ve farklı. Zemin yumuşak. Sonra toprağı yumuşatanın bizim kanımız olduğundan şüpheleniyorum. Belki de yakıttır...

Herkes benim kadar sersemlemiş durumda. En yakındaki ağacın dibinde bir grup toplanmaya başlamış. Ben onca yolu nasıl yürüyeceğim ve neden yalnızım?

Uzaktan gelen siren seslerini duyuyorum.

Yerde duran bir şeye takılıp düştüm ve başımın ağrısı zonklayarak geri geldi.

Bir şey duyunca başımı kaldırdım.

Bunu ilk başta ambulansların ve polis araçlarının sesi zannettim ama sonra bir çığlık olduğuna karar verdim. Ardından ses kesildi. Hayattayız.

Bana yıllar kadar uzun gibi gelen bir süre sonra tekrar ayağa kalktım. Başım çatlıyor.

"Patlayacak... Kaçın."

Sözcükler... Birileri bağırıyor. Duman kuyruk bölümünden dalgalar halinde yükselerek etrafımı kuşattı.

"Kaçın! Patlayacak." Riegert'in kollarını sallayarak bana doğru koştuğunu gördüm.

Sözleriniyse ancak bir süre sonra algılayabildim. Süngere benzeyen kapkara toprağın üstünden ormana doğru yürüdüm. Fakat çok geç kaldım, bunu biliyorum. Patlama daha önce yaşadığım hiçbir şeye benzemiyor. Bir an ondan korunmak için koşarken bir an sonra havalanmış uçuyorum. Sert bir şekilde, acı içinde yere düştüm. Sonra etrafımdaki her şey karardı.

Gözlerimi açtığımda siyahların ve grilerin arasından ürkütücü, turuncu bir ışığın süzüldüğü gökyüzüne baktım. Ağaç dalları o ışığı çevreleyerek tepemde garip bir daire oluşturmuş. Bunlar sıradan ağaçlar değil, çok büyükler. Dev ziyaretçiler gibi olay yerini kuşatmış, kendi aralarında fısıldaşıyorlar. Yağmur da tüm cansızlığıyla yağmaya başlamış. Yağmurdan çok pusu andırıyor.

Başta kendi kalp atışlarımdan başka bir şey duyamadım. Kulaklarıma pamuk tıkamış gibiyim. Kalp atışlarım uzaktan gelen seslerin alçak, tok sesli bir yansımasını andırıyor.

Bir süre sonra daha fazlasını duymaya başladım.

Siren sesleri uzaklardan geliyor ve boğuk olmalarına rağmen duyulabiliyorlar. Motorlar uğulduyor ve tekerlekler çakıl taşlarını eziyor.

Neredeyim ben?

Yanıt, birbiri ardına görüntüler ve adrenalin yüklü olarak bir anda geldi.

Uçak.

Kaza.

Fotoğraf makinemin askısı boğazımı sıkıyor. Rahat nefes alabilmek için onu çıkardım.

Gökyüzündeki grilik, patlamadan yükselen dumanlardan kaynaklanıyor. Etrafımdaki ağaçlar da alevler içinde. Gökyüzündeki turunculuğun sebebi de bu: alevler. O çıtırtıları şimdi duyuyor, onların sıcaklığını hissedebiliyorum. Yanaklarım kan ve ter içinde.

Kalkmaya çalışıyorum ama olmuyor.

Felç oldum.

Ayaklarıma bakıp paniğe kapılmamaya çalışıyorum. Bir ayağım çıplak. Ayağımda ne çorap var ne de ayakkabı ve kararmış, çamurlu başparmaklarım yukarıya bakıyor.

"Kıpırda," diye fısıldadım güçlükle.

Sağ ayağım hafifçe hareket etti.

Felç olmamışım. *Tanrı'ya şükür.*

Çok zor olsa da sonunda kollarımı kaldırmayı başararak yerden destek alıp doğruldum. Ağaçların arasında gizlendiğim yerden olay yerini görebiliyorum.

Uçak kanatsız, dikdörtgen şeklinde bir mermiyi andırıyor. Etrafını çevreleyen çimenler çamur, kül ve enkazla kaplı. Ağaçlar, kırılmış devasa kürdanlar gibi yanlara yatmış. Hasarın boyutunu ilk kez görebiliyorum. Her yer mahvolmuş durumda. Burası da bizim gibi perişan olmuş ve kan kaybediyor.

Külle karışık dumanların arasından uzaktaki ambulansları, polis ve itfaiye araçlarını görebiliyorum. Kurtulanlar orada, farlardan yayılan parlak ışıkların ve ışıklandırmanın altında toplanmış. Bu manzarayı görüntüleyip belgelemeliyim ama ellerim kontrolsüzce titriyor.

Elimi kaldırmaya çalışıp zayıf bir sesle, "Buradayım," diye haykırdım.

Fakat kimse bu tarafa bakmıyor. Kimse beni aramıyor.

Neden, diye düşündüm. Sonra Riegert'in bana seslenip elini uzattığını ve patlama esnasında yüzünü kapatıp yere düştüğünü hatırladım.

Patlamada öldüğümü düşünüyor olmalılar.

Ama buradayım.

Bilincim yerindeyken son düşündüğüm şey bu.

Ağaçların arasında durduğunu görüyorum. Fazla uzağımda değil. Tıpkı onu hatırladığım gibi görünüyor; uzun boylu, zayıf, saçları sapsarı, gözleri bir nar bülbülü yumurtası kadar mavi. Teni solgun ve yüzünde tek bir kırışık yok. Üzerinde Rocky Mountain Mama'dan aldığı pembe tişörtü var ve en sevdiği çilek rengi rujunu sürmüş. Gülümsemesini bekledim ama o başka bir yerde olması gerekiyormuş gibi kollarını göğsünde kavuşturup bakışlarını kaçırdı. Uzun, kahverengi bir sigara içiyor.

Usulca, "Anne?" dedim ama beni duyup duymadığını bilmiyorum. Etraftan garip, ahenksiz sesler geliyor. Motor sesleri, siren sesini andıran tiz çığlıklar, yağlı kâğıt buruşturu-lurken çıkan hışırtılara benzeyen sesler... En çok da kalbimin sesini duyuyorum. Küt küt atarken zaman zaman birkaç atım kaçırıyor ve beni sersemletiyor.

Annem süzülerek bana doğru geldi. Yaklaştıkça gülümsediğini gördüm ve o gülümsemeyle birlikte içimden bir şeyler koptu.

Yanıma diz çöktü. "Acı çekiyorsun."

Alnıma dokunduğunu biliyorum. Hareket ettiğini görüyorum ama dokunuşunu hissedemiyorum. O çok sevdiğim gözlere baktım. Nasıl göründüğünü, dokunuşunun nazikliğini, sesinin tonunu şu ana, şu dakikaya kadar unutmaya başladığımı fark ettim.

Yüzümdeki eli çok rahatlatıcı, çok sakin. "Uyan, Joy. Henüz zamanın dolmadı."

"Öldüm, değil mi? O yüzden buradasın."

Annem gülümsedi ve o ifade bana bütün çocukluğumu, güvende olduğumu ve sevildiğimi hissettiğim yılları hatırlattı.

Ağlıyorum. Annem gözyaşlarımı silmeden de ağladığımı biliyorum. "Stacey benim kocamla evleniyor…"

"Hişşşt…" Alnıma bir öpücük kondurdu ve "Uyan, Joy. Henüz zamanın dolmadı," diye fısıldadı.

Uyanmak istemiyorum. "Hayır."

"Uyan, Joy. Hemen." Annesinin sesiyle konuşuyor. Bu, sıkıntıya düştüğüm zamanlarda duyduğum sesi ve onu duymazdan gelemiyorum ama gözlerimi açtığımda gideceğini biliyorum. Artık yanımda olmayacak, elimi tutup beni öpmeyecek. Şampuanının ve mentollü sigarasının kokusu da olmayacak. "Seni özlüyorum, anne."

Derin bir soluk alarak tekrar nefes almaya başladım. Ağrılar bir cam parçası kadar keskin bir şekilde geri geldi ve kafatasım zonkladı. Dumanlar etrafımı saran havayı iyice ağırlaştırmış.

Yavaş yavaş gözlerimi açtım. Yağmurun altında bir şeyler görmek, bir şeylere odaklanmak çok zor. Gökyüzü iyice kararmış, bulutlar ve duman her yanı sarmış. Yağmur damlaları enkaz halindeki uçağın gövdesine düşüyor. Uzaklardan gelen siren, motor, konuşma ve ayak seslerini duyuyorum ama hepsi de çok uzakta. Çok uzaktalar.

Bense ormanın derinliklerine gizlenmişim. Etrafım kocaman eğrelti otlarıyla dolu. Tepemdeki daldan sarkan ayakkabım rüzgârda sallanıyor.

Bir ağaca çarpmamış olmam hayret verici.

Kırık bir dal parçasından destek alarak dizlerimin üstünde süründüm. Nihayet ayağa kalkabildiğimdeyse midem bulanmaya başladı. Dünya etrafımda döndü ve sonra durdu. Çıplak ayakla hayatta kalamazmışım gibi ayakkabımı alıp giymeye odaklandım.

Ayakkabımı giydikten sonra başımı kaldırdım. Enkazın ve uçak parçalarının doldurduğu, dumanlarla kaplı açıklığa baktığımda yardıma gelen araçları gördüm. Bir grup, karanlık ormanın diğer tarafına doğru gidiyor. El fenerlerinden yayılan ışık, dumanların arasında parlak, devasa bir lokomotifin ön kısmını andırıyor.

Oraya kadar gidebilirim.

Acı dolu, titrek bir adım attım. Sonra bir adım daha ve bir adım daha... Açıklığın kenarına vardığımda beni görmelerini bekledim.

Her an yardımıma koşup beni gerçek hayata döndürebilirler.

Beni tatillerimi tek başıma geçireceğim Madrona Yolu'ndaki o boş eve, üstünde bir Noel ağacının bağlı bulunduğu Volvo'ma, kız kardeşimin düğününe ve çocuğunun doğumuna her gün biraz daha yaklaştığımı gösteren takvime geri götürebilirler.

Gitme.

Bu annemin sesi mi yoksa rüzgâr mı?

"O uçakta olduğumu kimse bilmiyor." Bu cümleyi ilk kez yüksek sesle söyledim ve ona ses vererek elime geçen fırsatı gördüm.

Okullar açılana kadar kimse yokluğumu fark etmeyecek.

Ormanda etrafıma bakındım.

Arkamdaki ağaçlar çok sık ve iç içe geçmişler ama ay ışığı bana yol gösterecektir. Titrememe ve sersemlemiş halime rağmen olay yerinden uzaklaşmaya başladım.

Çok geçmeden ağaçlar seyreldi ve arabaların uzaktan gelen uğultusunu duydum.

Biraz ileriden bir yol geçiyor.

* * *

Karanlık ve yaşlı ormanda ağır ağır yürümeye başladım. Başım hâlâ ağrıyor ve görüşüm bulanık. Ayrıca orman daha önce gördüğüm hiçbir şeye benzemiyor. Başka bir boyutta yolculuk ediyor gibiyim. Önümdeki her şey gölgelerden ve ay ışığının aydınlattığı bulutlardan oluşan bir labirente benziyor. Örümcek ağları her şeyi birbirine bağlamış. Bu loş ışıkta renkli camlardan yapılmış gibi görünüyorlar. Toprağı örten pus, ayaklarımı ve süngere benzeyen toprağı âdeta yutmuş.

Sonunda ormandan çıkıp medeniyete adımımı attım ve karşıma çıkan eski, bakımsız yola saptım. Ortasından geçen sarı şerit çok düzensiz. Sonra bunun yasalar gereği değil de önlem olarak çizildiğini düşündüm. Birkaç metrede bir ortaya çıkan sarı şeritler, sürücüleri geyiklere karşı dikkatli olmaları konusunda uyarıyor.

Her motor sesinde ağaçların arasına gizleniyorum. Merhametli birinin beni "kurtarmasını" istemiyorum. Hem zaten geçen arabaların çoğu, görünmek istemeyen yalnız bir kadını göremeyecek kadar hızlı giden ilk yardım araçlarından ibaret.

Sonunda bir kasabaya ulaştım. Parlak renklerle boyanmış bir tabela beni yağmur ormanının tam kalbine çağırıyor. Tabela çamura bulanmış. Yarısı dev gibi bir eğrelti otunun arkasında kaldığı için kasabanın adını göremedim. Fakat Washington yazdığını gördüm.

Kanada'da değilim.

Etrafımı saran boşluğa doğru, "Ama benim Hope'ta olmam gerekiyordu," dedim. Ağaçlar kederimi paylaşıyor, anlayışla fısıldaşıyorlar. Köklerinden sökülmenin, hayal kırıklığına uğramanın nasıl bir his olduğunu biliyorlar. Hayatım boyunca aldığım tek ani kararın bir uçak kazasıyla sonlanması zaten yeterince kötü. Kaza hiç değilse gideceğim yere yakın bir yerlerde olsaydı.

Ama zaten nerede olduğumun ne önemi var ki?

Ağaçların arkasından çıkıp asfalt yoldan kasabaya doğru ilerlemeye başladım. Yürürken bir yandan da saçlarımı düzeltmeye çalışıyorum. Ne zamandır yürüdüğümü bilmiyorum. Bu bölge, zaman gibi bilimsel bir şeyle bağdaştırılamayacak kadar gerçek dışı görünüyor.

Aslında nereye gittiğimi merak etmem gerekirdi ama umurumda değil. Zihnim allak bullak.

Adı Hope olmayan kasaba bir film setini andırıyor. Gecenin karanlığı kasabayı dört bir yandan kuşatmış. Geriye kalan her şey sokak lambalarının ve Noel ışıklandırmalarının altında parıldıyor. Lamba direklerinden Noel Babalar ve kardan adamlar sarkıyor. Beyaz ışık hüzmeleri pencereleri çevrelemiş.

Dükkânların kapalı olduğunu görünce sevindim. Henüz kimseyi görmek istemiyorum.

Tek istediğim bir yatak. Başım yine ağrıyor ve üşümeye başladım. Küçük, sıcak bir lokantada bir duvar dolusu dergi var ve yaşlı bir adam barda kahvesini yudumluyor. Huzurlu Balıkçı Kulübesi'nin reklâmını görünce içimi kadere dair garip bir duygu sardı ve ürperdim. Burası *Avcılık ve Balıkçılık Dergisi*'nde okuduğum o küçük, şirin yer. Beni orada bir süreliğine dinlenmeye davet eden yer.

Biraz huzur bulabilirim. Hem kalacak bir yere de ihtiyacım var.

Restoranın sıcaklığını ve aydınlığını terk edip broşürdeki haritayı takip ettim.

Yine yapayalnızım ve üşüyorum. Başım da çok ağrıyor ama en azından nereye gittiğimi biliyorum.

Lakeshore Yolu'nu bularak o yolu takip ettim. Ufalanmış taşlarla dolu yol kenarından yürüyüp tekerlek büyüklüğünde çukurlardan geçtim. O kadar çok yürüdüm ki ayaklarım ağrımaya başladı. Çorabımı kaybettiğime gerçekten kızıyorum. Ne tuhaf... Başım çatlıyor, derim yüzülmüş gibi hissediyorum, emniyet kemerinin karnımı sardığı yerler âdeta yanıyor ve kaza yerini terk ettim (bunu yaparak yasaları çiğnemiş olmalıyım). Bense bütün bunları bir kenara koymuş, ayağımdaki kabarcıkları dert ediyorum.

Böylesi bir sessizliğe daha önce hiç şahit olmamıştım. Bu, insanların uyurken arabalarının park halinde olduğu şehirlere özgü sessizlikten farklı. Bir kuş sesiyle ürperip sizden kaçan bir sincabın bir ağaca tırmandığını duyabileceğiniz türden, anormal bir sessizlik...

Bu ıssız yerde ne işimin olduğunu düşünecek kadar şehirli bir kadınım.

Sonunda kendimi kasabaya giden yola bakıp bir arabanın geçmesini dilerken buluyorum. Tam geri gitmeye karar verirken son dönemeci de döndüm ve kendimi geniş bir düzlükte buldum. Sol tarafımda durgun, sakin bir göl, sağ

tarafımdaysa uçsuz bucaksız bir orman uzanıyor. Yol birden-
bire her iki yanı da çıplak meyve ağaçlarıyla dolu bir araç
yoluna çıktı. Yolun sonunda sade, daha doğrusu harap halde
bir ahşap ev var. Çatısı yosunlarla kaplanmış. Üstü kapalı
verandası yorulmuşçasına yana kaymış. Ön kapının solunda
elektrikli testereyle yapılmış bir yabani kuğu figürü duruyor.
Hemen altında beni Huzurlu Balıkçı Kulübesi'ne davet eden,
elle boyanmış tabela asılı. Yanındaysa bana kendi hayatımı
hatırlatan bir başka tabela var:

"Satılık."

Harika. Şimdi ne yapacağım?

Kasabaya dönemeyecek kadar yorgunum. Sanki birileri
kafamın içinde davul çalıyor.

Mekânın sahibinin insafına kaldım. Herhalde bana ve-
rebileceği bir odası vardır. Üstelik başka şansım var mı ki?

"Maceraya atıldığımı hayal etmekle kalsaymışım aslında
en doğrusunu yaparmışım," diye mırıldandım ve otoparkla
kulübe arasındaki bakımsız taş yolu geçtiğimde kapının aralık
olduğunu gördüm.

İçeriye adımımı atarken, "Merhaba!" diye seslendim ama
selamım karşılıksız kalarak sessizlikte kayboldu.

Tahtalardan ve taştan yapılmış şöminesi, göle bakan çift
camlı koca penceresiyle lobi oldukça geniş görünüyor. Her yer
karanlığa gömülmüş ama ay ışığı sayesinde şömineye bakan
yeşil kırmızı ekose kanepeyi, iki eski kırmızı deri koltuğu
ve sehpa niyetine kullanılan antika sandığı görebiliyorum.

Siyah ahşap çerçeveli, beyaz kenarlı siyah beyaz fotoğraflar duvarlara dizilmiş. Eski oldukları uzaktan bile anlaşılıyor.

Sağ tarafımdaki pirinç ve ahşap karışımı resepsiyon masasının üstünde antika bir kasa var. Önündeki camekânsa broşürler ve kitapçıklarla dolu.

Karanlıkta durmuş, ne yapacağıma karar vermeye çalışıyorum ama düşünmek çok zor. Başım çok ağrıyor.

Belki de kanepeye öylece uzanır, uyurum.

Fakat banyo yapmak istiyorum.

İçeriye izinsiz girerek zaten bir suç işlediğime göre kendime bir banyo ve yatak da bulabilirim.

Temkinli bir şekilde ilerledim.

Kapıları teker teker açmayı denedim ama hiçbiri açılmayınca üst kata çıktım. Sol tarafımdaki kapılardan biri açık. Tedbiri elden bırakmadan ilerleyip odaya adımımı attım. Her yer karanlık olduğu için alışmam biraz zaman aldı.

Nihayet gözlerim karanlığa alışınca yatağında doğrulmuş, gözlerini ovalayıp bana bakan bir çocuk gördüm. "Anneciğim?"

"Hayır, ben annen değilim. Adım Joy. Odana izinsiz girdiğim için beni affet..."

"Sen gerçek misin?"

Bu soru karşısında gülümsüyorum. "Evet. Burada kalmak için kayıt yaptırmak istiyorum ama resepsiyonda kimse yok."

"Biz burayı kapattık."

"Öyle mi? Peki, yakınlarda bir otel var mı?"

Başım şimdi zonklamaya başladı.

"Hayır."

Kesinlikle şanslı günümdeyim. "Harika." Düşünmeden atıldığım maceram kötüden felakete doğru yol alıyor.

"Ama odalarımız var," dedi çocuk yorgun bir sesle. "Hem ben nasıl kayıt yapıldığını biliyorum."

"Gerçekten mi? İhtiyacım olan..." Bunu söylerken sesim çatladı. O kadar çok şeye ihtiyacım var ki... O yüzden yalnızca bir tanesine odaklanmam en iyisi. "Bana bir geceliğine bir oda verirsen harika olur."

"Babam bundan hoşlanmayacak ama burası benim de evim." Çocuk örtüsünü üzerinden atıp yataktan kalktı. Yanımdan geçip koridora yöneldi ve tekrar bana baktı. "Geliyor musun?"

"Elbette."

Tekrar alt kata indik ve bana koridorun solundaki son odayı gösterdi. "Burası." Tokmağı çevirip kapıyı açtı.

İçeride küçük bir dolap, geniş bir yatak ve köşede de bir masa var. Bu kör karanlıkta her şey çok eski görünüyor ama içerisi temiz. "Teşekkürler," dedim. "Ödemeyi..."

"Konuklar ödemeyi buradan ayrılırlarken yaparlar."

Şimdi rahatladım. Param yetmezse otelden ayrılırken bankadan havale yapılmasını isteyebilirim.

Çocuk, "Belki yarın görüşürüz," dedikten sonra merdivenlere doğru koşarak gözden kayboldu.

Kapıyı arkamdan kapattım ve işte buradayım. Ay ışığının aydınlattığı dolabın üstündeki dikdörtgen aynaya yakalandım.

Berbat görünüyorum. Saçlarıma yapışan yapraklar ve küçük dallar yüzünden kafam olduğundan üç kat büyük görünüyor. En güzel özelliğim olduğunu düşündüğüm mavi gözlerim kanlanmış, solgun ve çilli tenimse kir içinde.

Yanlış bir şeyler var.

Kan.

Nerede?

Ufak tefek çizikler var ama derin bir yara almamışım.

Tanrı'ya şükür.

Orada yatarken tadını aldığım şey muhtemelen yağmurdu. Belki de dilimi falan ısırmıştım... Belki de o metalik tat, gözyaşlarımın tadıydı.

Bir önemi yok.

Şu an benim için önemli olan, sırasıyla banyo ve yatak. Banyoyu odaya bağlayan küçük kapıyı açtım.

Duş var, küvet yok. Evet, duş var. Hayal kırıklığına uğradım ama çok da şaşırmadım. İşlerimin yolunda gittiği bir gün geçirmiyorum zaten.

Sıcak duşun altına kıyafetlerimle birlikte girdim.

Neden olmasın?

Her şeyin yıkanması gerek.

İtiraf etmeliyim ki ilk uyuma girişimim biraz başarısız oldu. Kötü anılar birbiri ardına aklıma geliyor. Kaza, kız kardeşim, Thom ve sonra tekrar kaza... Ama öğrendiğim bir şey var: Yeterince yorgunsanız uykuya dalabiliyorsunuz ve zihni, huzurlu bir uyku kadar iyi arındıran başka bir şey yok. Uyandığımda küçük bir uçak kazası geçiren ve gerçek hayatından kaçan bir kadına göre gayet iyi görünüyorum.

Hayır...

Kaçmıyorum. Yalnızca ilk macerama atıldım.

Yine de bir an için Stacey'nin hâlâ benim evimde, endişeyle dönmemi beklediğini ümit ettim. Belki de kaçırıldığımı düşünüp polisi arayacak, *sonra* da kocamla yatarak kalbimi kırdığı için çok üzülecek. Fakat bu sıcak fantezinin içine dalarken bile böyle bir şeyin olmayacağını biliyorum. Polisi aramayacak, beni bulmaya çalışmayacak. Bir yıl önce olsa yapardı ama şimdi yapmaz. Artık yokluğumda beni merak edecek kadar hayatımın içinde değil. Olsa olsa Jamaika kumsallarında genç ve çekici bir adamla birlikte olduğumu düşünüyordur.

Ya da vahşi ve balta girmemiş bir yağmur ormanında...

Penceremin dışındaki kuşların cıvıltısını dinledim. Ve dalgaları sakince kıyıya vuran gölün sesini... Bir yerlerde bir radyo çalıyor.

Banyodaki en üst çekmecede küçük bir seyahat çantası buldum. İçinde diş macunu, diş fırçası, şampuan ve vücut losyonu var. Yani ihtiyacım olan her şey... Böylece uzun ve keyifli bir duş daha alıp dünkü kıyafetlerimi giydim. Siyah pantolonum kurumuş ama o da tıpkı kazağım gibi kaskatı.

Duş alıp giyindikten sonra kendimi atıldığım maceraya hazır hissettim.

Fotoğraf makinemle birlikte güvenli odamdan çıktım. Kapıdaki levhada buranın 1A numaralı oda olduğu yazıyor. Kaydımı yaptırabileceğim birini bulmaya gidiyorum. Umarım ödemeyi çocuğun dediği gibi ayrılırken yapabiliyorumdur.

Solgun gün ışığı lobiye dolmuş ve çıtırdayarak yükselen alevler içeriyi ısıtıyor. Pencereden gelen ışıkta her şey inanılmaz derecede keskin ve parlak görünüyor. Eski, kırmızı, deri koltuklarla ekose kanepe bile... Şöminenin taşlarla süslenmiş kısımlarındaki ışıltıları görebiliyorum. Güneş ışığı olmadan resepsiyon masasının olduğu bölüm donuk ve gri görünüyordu. Burası yeryüzünde ışığın her şeyi belirgin bir şekilde değiştirdiği bir köşe. Albümüme koymak için lobinin birkaç fotoğrafını çekip kapıya yöneldim.

Bir makinenin uzaktan gelen tiz sesini duyabiliyorum. Elektrikli testere gibi bir şey. Bir dal budama makinesi de olabilir. Birkaç dakika sonra dışarıdan ayak sesleri geldi. Adımlar yürüme yolunu geçip basamakları tırmandı.

Kapılar açıldı.

Bu dün gece karşılaştığım çocuk. Sandığımdan daha küçük. Dağınık siyah saçları ve çilli suratıyla en fazla sekiz dokuz yaşlarında olmalı. Kirpikleri ona sevimlilik katacak kadar uzun. Ama en çok dikkatimi çeken özelliği, gözleri... Gözleri buz mavisi ve hüzünlü.

Beni görünce elindeki çekici düşürdü.

Ona gülümsedim. "Tekrar merhaba. Seni gördüğüme sevindim."

"Ah, olamaz..." Çocuk kollarını göğsünde kavuşturdu. Beden dilinde bunun ne anlama geldiğini çok iyi biliyorum. Kız kardeşime bakarken ben de kollarımı kavuşturuyordum. Sanki kalbimin önüne birkaç kat daha kas ve kemik ekleyince onu koruyabilirmişim gibi... "Gittiğini sanmıştım."

Sesinin titrediğini fark ettim; bu ses, yalnızlığın sesi. Teknenin halatı çözülmüş de denizin ortasına sürüklenmişsin gibi... Ben de bir yıldır neredeyse her gün böyle hissediyordum. Buraya gelmemin, kız kardeşim yokmuş gibi davranmamın sebebi de buydu. "Bir süre burada dinlenmek istiyorum. Eğer sakıncası yoksa..."

Başka bir şey söylememe fırsat kalmadan ön kapı sertçe açıldı ve içeri bir adam girdi. Kısa kesilmiş siyah saçları olan zayıf bir adam bu. Yüzü keskin hatlar ve derin çukurlar barındırıyor. Siyah, kirli sakalları çökük yanaklarını gölgelemiş. Sakallarının koyuluğu teninin solgunluğunu vurguluyor. Gözleri yeşilin alışılmadık bir tonu. Bu gözler soğuktan yıpranan sert yüzüne göre fazla parlak. Bir zamanlar ne kadar yakışıklı olduğu belli, hayat onu bu kadar yıpratmadan önce... Ne hissettiğini çok iyi anlıyorum. Geçen yıl boyunca her duş aldığımda yüzümün renginin attığını ya da güneşte solduğunu düşünüp durmuştum. Bir sabah uyandığımda renkli bir dünyanın içinde yaşayan siyah beyaz bir kadına dönüştüğümü görsem şaşırmazdım. Adam beni fark etmedi bile. Doğruca çocuğa baktı. "Burada ne yapıyorsun, oğlum?" İrlanda aksanının yumuşattığı sesi derin ve tok.

"Kola almak için geldim ve onu buldum." Çocuk beni işaret ediyor. "Dün gece ona 1A numaralı odayı verdim. Burası kapanmadan önce annemle birlikte yaptığımız gibi... Yani sen gelmeden önce..."

Adam bana bir anlığına, belki de daha kısa bir süreliğine baktı. İlgisini çekmediğim belli. "Bir konuk, ha? Harika." Bu son kelimeyi söyleyiş tarzı, bende ne düşündüğüne dair herhangi bir şüphe bırakmadı. Burada olmam hiç hoşuna gitmedi. Alaycı bir ifadeyle konuşmasına rağmen İrlanda aksanı sesini yumuşatıyor. Bana neredeyse hiç bakmıyor.

"Sanırım varlığım sizi biraz şaşırttı," dedim. "Kusura bakmayın. Dün gece geç bir saatte geldim. Birkaç gün kalmak istiyorum."

Adam çekici almak için eğildi. Aramızdaki mesafeye rağmen iç çektiğini duyabildim. "Buranın satılmasını istemediğini biliyorum, Bobby. Ama tek bir konuk bir şey değiştirmez."

"Fakat burayı kimse burada kalmadığı için satmak istediğini söylemiştin..."

"Ben *öyle* demedim."

"Ben burayı seviyorum," diye haykırdı çocuk, yani Bobby.

"Hem gelenlerin kaydını nasıl yapacağımı da biliyorum. Annem bana öğretti."

Adam bu sözler karşısında yumuşamışa benziyor. "Haklısın."

"Size sorun çıkarmam," dedim. Aniden içimi bir korku sardı. Buradan gidersem eve dönmek zorunda kalacağım. Kendimi tanıyorum; zorluklarla mücadele etmede pek başarılı değilim ve henüz eve dönmek de istemiyorum. Stacey beni bekliyor; düğünle, bebekle ve kırık kalbimle mücadele edebilmeliyim. "Yalnızca birkaç gün... Lütfen... Dinlenmeye ihtiyacım var."

"Kalıyor!" Bobby meydan okurcasına babasına baktı.

Adam da oğluna baktı ve bu bakışmada birlikte yollarını kaybetmiş iki insan gördüm. "Benden bir şey beklemesin. Konuklarla ilgilenemeyecek kadar meşgulüm."

Bir anda minnet duydum. Bütün kaçakların arada bir mola vermesi gerekir ve bu yabancı bana bu şansı tanıdı. Bir süre burada kalabilir, yani gizlenebilirim. Gerçek hayatın ikinci etabına geçmeden önce biraz nefes alıp cesaretimi toplayabilirim.

"Size gerçekten minnettarım. Beni... nasıl... memnun..." Kendimi nasıl ifade edeceğimi, bunun benim için ne kadar önemli olduğunu nasıl anlatacağımı bilemiyorum. Hissettiklerimi ona anlatsam beni deli zanneder. "Ben Joy," dedim kendimi tanıtmak için.

"O Daniel. Ben de Bobby."

Daniel öfkeli. "Haydi, Bobby. Göl kenarındaki ağaçların temizlenmesi için yardımına ihtiyacım var. Annen burayı biraz ihmal etmiş."

Bobby isteksizce babasına doğru yürüdü ve kapıya vardıklarında dönüp bana baktı. Sonra da hiçbir şey söylemeden babasının peşinden gitti.

* * *

Arkalarında bıraktıkları sessizlikte farkına vardım: *Kalıyorum.* Yıllardır ilk tatilimi yapacağım ve çok ilginç bir yere geldim. Biraz sarsıcı bir başlangıç olsa da (evet, bu ifade biraz hafif kalır) okullu çocukların dediği gibi "iyi".

Bu tatilde harika bir hediyem var.

Zaman.

Geçen yıl altında ezildiğim yükün bir kısmından kurtulmamı sağlayacak olan zaman... Bu molanın ne kadar süreceğini bilmemin bir yolu olmadığına göre elimdeki zamanı iyi değerlendirmeliyim.

Ağlayıp sızlamayacağım. Bu konuda kararlıyım.

Burada zamanım el verdiğince eski Joy Faith Candellaro olacağım. Yani o aşka, evliliğe ve peri masallarına inanan kadın... Eskiden olduğum kadın...

Ama önce yiyecek bir şeyler bulmalıyım çünkü açlıktan ölebilirim.

Mutfağı bulmam hiç zor olmuyor. Sarı dolapları, gümüş teçhizatı ve meşe ağacından döşemesiyle bu küçük, demode yer bana annemin büyüdüğüm evdeki mutfağını hatırlattı. Çok hoş bir yer. Beni rahatlattı ve taze kahvenin kokusu ağzımı sulandırdı.

Tatilde içtiğim kahvenin tadı, evde içtiğim bütün kahvelerin tadından güzel. Buzdolabında bulduğum ekmek ve krem peynir de öyle... Bir kalemle kâğıt bulma ümidiyle ocağın yanındaki çekmeceyi açtım. Ivır zıvırların konduğu bütün çekmeceler gibi bu çekmece de tıka basa dolu. Oyun kâğıdından ataşa, faturalardan kırmızı tükenmez kaleme, broşürlerden yemek tariflerine kadar ne ararsanız var. Arka tarafta yeni, ambalajı açılmamış bir DVD var: *The Lost Boys*. Ön yüzündeki fişse üç gün öncesine ait.

Ben de bir hafta önce Target'taki indirimde aynı filmi satın almıştım.

Demek ki film zevklerimiz benziyor. Bu beklenmedik benzerliğe gülümserken aradığımı da buldum: bir not defteri ve kalem. Mavi çizgili sayfaya yazmaya başladım: Ekmek, bir yemek kaşığı krem peynir, kahve. Buradan ayrılırken hepsini ödeyeceğim. Şükürler olsun ki teknolojik bir dünyada yaşıyoruz. Böylesine ıssız bir yerde bile bankamatikten para çekmem beş dakikamı almaz.

Sonra belki bir taksi çağırıp kasabaya giderim ama şimdi beklenmedik bir şekilde geldiğim bu yeri keşfetmek istiyorum. Odama dönüp fotoğraf makinemi aldım ve dışarı çıktım.

Dünyanın bu vahşi ve ıssız köşesi beni gün ışığında âdeta büyüledi.

Puslu hava her yeri etkisi altına alarak yumuşatmış. Her yer su; ayaklarımın altında biten otlardan tutun da dallardan ve saçaklardan düşen damlalara, iskeleye vuran dalgalara kadar... Kendimi beklenmedik bir anda bir vahayla karşılaşan bir çöl gezgini gibi yenilenmiş hissediyorum. Hiçbir şeyi net göremiyorum; burası su ve pusla örtülü bir dünya ama bu bulanıklık her şeye daha da güzellik katıyor. Tanrı biliyor ki geçen yıl hayatımı yeterince net bir şekilde görme fırsatım oldu. Fotoğrafını çekeceğim şeyleri özenle seçiyorum çünkü yeni bir film almaya ne zaman vaktim olur, bilmiyorum.

Kusursuz bir manzara arayarak göle doğru yürüdüm. Su, gökteki bulutların yansımasıyla yumuşak bir griye ve çizgi çizgi bir görünüme bürünmüş.

Kıyı, ayna gibi parlayan taşlarla ve küçük çakıl taşlarıyla dolu. Tahta iskele suya doğru bir çıkıntı yapmış. Dalgalar oyun oynuyormuşçasına direklere vuruyor. Fazla uzak sayılmayacak bir mesafede çok güzel, el yapımı bir salıncak boş duruyor. Arada bir esen rüzgârsa salıncağın zincirlerini tıngırdatıyor.

Görünürde göl kıyısında başka ev yok. Bu orman âdeta İlk Çağ'dan kalma gibi görünüyor. Daha önce hiç böyle bir yer görmemiştim.

Dönüp kulübeye baktım. Uzaktan daha da ilginç görünüyor. Dergide okuduğum makaleye göre altmış yıldan fazla bir süre önce yapılmış. Dergilerdeki fotoğraflarda çocuklar çimenlerin üstünde oynuyor, birbirlerine frizbi fırlatıp hulahop çevirmeye çalışıyorlardı. Bir kısmı da tenis ve kriket oynuyordu. İskelenin yanındaki kanoların, kayıkların ve teknelerin kullanıldığına da şüphe yoktu.

Günün geri kalanında kulübenin arkasındaki barakaları gezdim. Çok eski ama güzeller. Boyanıp döşemeleri değiştirilir ve güzelce temizlenirlerse kullanıma açılabilirler. Eski pencereler buzlu camları ve akçaağaçtan çerçeveleriyle tıpkı kütük duvarlar gibi düzenli görünüyor.

Çiy taneleriyle dolu örümcek ağlarından göldeki kuğulara ve farelerin istila ettiği yosun kaplı depolara kadar her şeyin fotoğrafını çektim. Bir yandan da buranın nasıl bir yere dönüştürülebileceğini gözümde canlandırdım. On veya on iki yıl kadar önce bir pansiyon işletmenin hayallerini kurmuş, pansiyon işletmeciliğiyle ilgili düzinelerce kitap ve yüzlerce makale toplamıştım. Eski tip pirinç yatakları, büyük, gösterişsiz yorganları ve elle boyanmış dolaplarıyla o odaları gözümde canlandırabiliyordum.

Şimdi elimde fotoğraf makinemle iskeleden gölü izlerken garajımdaki evrak dolaplarını ve gri metal kutulara hapsettiğim maceralarımı düşünüyorum.

Thom'un hayallerimi garaja indirmesine asla izin vermemeliydim. Şimdi görüyorum ki bu, sonun başlangıcı olmuş. Bu farkındalık düne kadar beni ağlatmaya yeterken şimdi gülümseyebiliyorum.

Yıllardır ilk kez hayal kurabiliyorum ve bu da kendimi çok iyi hissetmemi sağlıyor.

Bir ses düşüncelerimi böldü ve yavaşça dönüp etrafıma bakındım.

Daniel çatıya kiremit çakıyor ve çivilerin çıkardığı ses bana yalnızlığı hatırlatıyor. Onu izlediğim süre boyunca başını kaldırıp beni görmesini istedim ama Daniel dur durak bilmeden, tıpkı bir makine gibi ya da sorumluluk sahibi insanların yaptığı gibi çalışmaya devam etti.

Sonunda dönüp kıyı boyunca yürümeye başladım. Yürürken taşları tekmeliyor, her şeyin üstünde bir yosun tabakası olduğunu fark ediyorum. Zamandan bağımsız bir yere düşmüş gibiyim. Bütün yapraklar büyük, bütün ağaçlar devasa, bütün taşlar yosunlarla kaplı. Tam yerdeki parlak taşı almak için eğilirken bir çocuk sesi duydum.

"Bilmiyorum," dedi ses titreyerek. "Belki de..."

Ormanın içinde sesin geldiği tarafa doğru yürüdüm ve Bobby'yi çimenlerin üstünde diz çökmüş halde buldum. Etrafını saran yemyeşil ağaçlar, bulutlarla kabaran gökyüzüne doğru yükselirken zaten az olan ışığı da engelliyor. Yerler yeşil yosunlarla ve küçük eğrelti otlarıyla kaplı. Bobby'nin hemen önünde eğri büğrü, parlak ağaç dallarından yapılmış sade bir bank var.

Devasa ağaçların yanında duran Bobby bulunduğum yerden inanılmaz derecede küçük görünüyor. "Henüz değil," dedi. "Gitme."

Sesinin titremesinden etkilenerek ona bir adım daha yaklaştım. "Bobby?"

Bobby sesimi duyunca kaskatı kesildi ama bana dönmedi. Yanıt da vermedi.

Ona yaklaşarak yanından geçip banka oturmaya karar verdim.

Bobby o anda, "DUR!" diye haykırarak beni itti. "Üstüne oturacaksın."

Sesindeki bir şey kanımı dondurdu. Ansızın durdum. "Bobby?"

Çamurun içinde diz çöküp öne eğildi. "Şimdi oturabilirsin. Gitti. Haydi, otur."

Daha dün burada kalmam için babasına meydan okuyan çocuk şimdi perişan halde. Yanı başında duran iki oyuncağı alıp onları savaştırıyor. Sanırım bunlar Darth Vader ve Count Dooku. Bir kadın lisede çalışıp da popüler kültürden uzak kalamaz. Sonunda önünde duran banka oturdum. "İyi misin, Bobby?"

"İyiyim."

"Ama sesin öyle söylemiyor. Bana sebebini anlatmak ister misin?"

"Sen de delirdiğimi düşünürsün."

"Neden öyle düşüneyim?"

Darth, Dooku'ya bir yumruk attı. "Herkes aklımı kaçırdığımı düşünüyor."

"Bana hiç öyle gibi görünmedin."

Bobby sonunda bana baktı. "Onu gördüğüme inanmıyorlar."

"Kimi gördüğüne?"

Yanıt vermesi biraz zaman aldı. "Annemi... O öldü."

Buz gibi bir suda, çok uzaklara yüzmüşüz gibi hissettim. "Buraya geldiğimde onunla mı konuşuyordun?"

Bobby başını salladı. "Ama ben delirmedim. Onun cennette olduğunu biliyorum ve bazen onu görüyorum. Babam onun da Bay Patches gibi *hayal ürünü* olduğunu düşünüyor."

"Bay Patches senin hayalî arkadaşın mıydı?"

Bobby bezgin bir ifadeyle iç çekti. "Ah... *Evet.* Sanırım o zamanlar dört yaşlarındaydım." Tekrar oyuncaklarına dönüp onları dövüştürdü. "Ama annemi hayal etmiyorum."

Uçak kazasından sonra ben de annemi "gördüğümü" hatırlıyorum. Öyle net ve belirgin görünüyordu ki bir yetişkin olduğum halde onun gerçek olduğuna inanmıştım. Bu yaştaki bir çocuktan zihnimizin bize oynadığı oyunları tam anlamıyla idrak etmesini beklemek hata olur.

Zihnimizin ya da kalbimizin oynadığı oyunlar...

"Annem öleli on iki yıl olmasına rağmen ben de geçen gün onu gördüm."

Bobby tekrar başını kaldırdı. "Gerçekten mi?"

Başımı salladım. "Ben onunla sürekli konuşurum."

Bobby bu durumu ve beni düşündü. "Sana yanıt veriyor mu?"

Biraz düşündüm. Annemin varlığını bir iki defa hissetmiştim ve hepsi de zihnime kazınmıştı. "Bir şekilde veriyor. Belki de ne söyleyeceğini ben tahmin ediyorum."

Bobby oyuncaklarını tekrar çarpıştırdı. "O, annem öldüğü için mutlu."

"Kim?"

"Babam."

Göle doğru baktım. Kulübeyi göremesem de Daniel'ın çekicinin sesini duyabiliyorum.

"Artık benim de onun gibi davranmam gerekiyor."

"Ne demek istiyorsun?"

Bobby omuz silkti. "Annem ve babam ben dört yaşındayken boşandı. Babamı tanımıyordum bile. Annem öldüğü için buraya geldi."

Dört. Bay Patches'ın ortaya çıktığı yıl. Çocuk gelişimi derslerine, arada kolayca bir bağ kurabilecek kadar katılmışlığım var.

Ne yanıt vereceğimi düşündüm. Şu anda kalbe dair ciddi bir konu konuşuyoruz ve bu işin bana düşmediğini biliyorum ama biz öğretmenler, çocuklar söz konusu olduğunda doğru zamanlama diye bir şeyin olmadığını biliriz. Duygusal bir konu açtıklarında en iyisi onlara uyum sağlamaktır çünkü genelde ikinci bir şans bulamazsınız. "Ama baban yanında, değil mi?"

"Çok şanslıyım." Bobby gözlerini kapatıp bana arkasını döndü. Belli ki duygusallığa kapıldığı için utanıyor.

Ne hissettiğini çok iyi anlıyorum. Ben sekiz yaşındayken babam bizi bırakıp gitmişti. Yıllarca dönmesini bekledim. Banktan kalkıp Bobby'nin karşısında diz çöktüm ve "Ağlayabilirsin," dedim usulca.

"Yetişkinler öyle olduğunu *söylüyor* ama bu doğru değil. Arnie Holtzner diyor ki yalnızca bebekler ağlarmış. Ve şimdi okulda herkes bana sulu gözlü bebek diyor."

"Bence Arnie Holtzner yakında arkadaşsız kalacak olan aptalın teki."

Bu sözlerim üzerine Bobby bana hayretle baktı ve dudağının kenarında küçük, temkinli bir tebessüm belirdi. "Arnie'nin arkasından konuştun."

"İnan bana, aptaldan daha kötü şeyler de söyleyebilirdim."

Bobby gülmemek için kendini zor tutarken bana baktı. "Oyunumu izlemek ister misin?"

"Elbette," dedim kolayca gülümseyerek. Hatta neredeyse kahkaha atacak gibi oldum. Burada, evden yüzlerce kilometre uzaktaki bu düzlükte hem kaybolmuş hem de kendimi bulmuş gibi hissediyorum. Sesimi alçaltarak oyuncaklar göz hizama gelinceye kadar eğildim. "Haydi, Vader, göster kendini!"

O gece her şeye rağmen kolayca uykuya daldım ve soğuk terler döküp nefes nefese kalmış bir şekilde uyandım. Kazayla ilgili anılar peşimi bırakmıyor. Gözlerimdeki batma hissinin küller yüzünden olduğuna yemin edebilirim.

Tekrar uyumaya çalıştım ama artık mümkün değil. Başımın ağrısı da göğsümdeki ağrı gibi geri geldi. Aslında bunun gerçek olmadığını biliyorum, bu yalnızca kırık bir kalbin hayalî ağrısı. Habersizce eve gelip Stacey ile Thom'u birlikte gördüğüm o günden beri beni terk etmeyen bir ağrı... Örtüleri üstümden atıp yataktan kalkarak pencereye gittim.

Şafak vaktinin ilk pembe ışıkları karanlık gökyüzünde kendini göstermeye başlamış. Fotoğraf makinemi alıp giyindim ve odamdan çıktım. Tam lobiye varmak üzereyken Daniel'ın o yumuşak, yatıştırıcı aksanını duydum.

Köşede durup onu gözetledim.

Pencerede durmuş, göle bakıyor. Siyah saçları karmaşık, dağınık bir kütleye benziyor.

Usulca yürüyüp köşeyi döndüm ve nereye baktığını gördüm.

Bobby tek başına göl kenarına gitmiş, elini kolunu heyecanla sallıyor. Bu mesafeden ve şafak vaktinin kasvetli, karanlık ışığına rağmen yanında kimsenin olmadığını görebiliyorum.

Bazen onu görüyorum.

Daniel boğuk bir sesle, "Tanrı yardımcımız olsun," dedi.

Dua ettiğini, Tanrı'dan yardım istediğini biliyorum ama yine de benimle konuşuyormuş gibi hissettim. Bu sözlerden garip bir şekilde etkilendim.

Daniel söylenerek dışarı çıktı ve yoldan göle doğru yürüdü. Ben de tedbiri elden bırakmadan pencereye doğru yürüdüm ama onları buradan duyamam. Kulak misafiri olacaksam bunu hakkıyla yapmalıyım. Meraktan başka bir şey olmadığını bildiğim o samimiyetten uzak düşünceyle dışarı çıkıp Vokswagen büyüklüğündeki orman güllerinin karanlık gölgesine gizlendim.

"Ne yapıyorsun, Bobby? Bu konuda anlaştığımızı sanıyordum," dedi Daniel.

"Onunla konuşmamı engelleyemezsin."

"Belki yarın Peder James'i görmeye gideriz. O..."

"Sen git de borsa *timsarlığı* yapmaya devam et. Seni burada istemiyorum," diye karşılık verdi Bobby. Sonra da babasının yanından geçip koşarak kulübeye girdi. Hıçkırıkları yüzünden beni göremedi.

Daniel uzunca bir süre orada kalıp gölü izledi. Şimdi birbirimize çok yakınız; kapana kısıldım. Risk almadan gizlendiğim yerden çıkmam mümkün değil.

Sonra suya arkasını dönüp eve yöneldi ve kendi kendine söylenerek yanımdan geçti. İçeri girdiğinde kapıyı öyle sert çarptı ki kapı kapanıp tekrar açıldı.

Orada, o karanlıkta uzunca bir süre kaldıktan sonra ağaran güne adım attım. Karanlıktaki ağaçlar ve metal grisi gölün ardındaki gökyüzü fuşyanın, morun ve parlak turuncunun tonlarına bürünmüş.

Fotoğraf makinesini kaldırıp kusursuz bir görüntü yakaladım ama fotoğrafı çekene kadar ilgimi kaybettim. Şu an umursadığım şeyin ne fotoğrafı çekilebilir ne de küçük bir çerçeveye koyulabilir.

Bobby ve Daniel sıkıntı içinde. Kaybettikleri şeylerden oluşan bir denizde boğuluyorlar.

O karanlık suları ben çok iyi biliyorum.

Birinin onlara bir can simidi atması gerek.

* * *

Mutfağa döndüğümde kahveyle bir tabak kek buldum. Yaban mersinli, en sevdiğimden... Kendime bir fincan kahve koyup bir dilim de kek aldıktan sonra gezimle ilgili anılar toplamaya çıktım.

Kusursuz bir fotoğraf olmalı. Daha azıyla asla yetinemem.

Dışarıda şafak vaktinin pembeliği, değişken havanın gri sarı renkleriyle iç içe geçmiş. Yol boyunca hava bulutlu ve yağmurlu, burada, yani ön kapıda kapalı ve nemli, göldeyse güneşli.

Yolda yürürken sis yüzünden hava iyice ağırlaştı. Kuş sesleri her adımımda mitralyöz hızıyla kendini duyuruyor. Birkaç fotoğraf çektikten sonra oyun alanı gözüme ilişti. Elle yapılıp özenle tasarlandığı açıkça belli olan muhteşem bir park. Bir kaydırak, iki salıncak ve küçük bir de kulübeden oluşuyor.

Eskiden salıncakta sallanmayı çok severdim. Calabasas'taki evde Stacey ve ben saatlerimizi yan yana sallanarak geçirir, bazen de birbirimizi sallardık. Salıncağın yanına gidip fotoğraf makinemi nazikçe basamağa koydum ve siyah, deri oturaklardan birinin üstündeki çiyi sildim. Oturup arkama yaslandım ve gerçek anlamda uçmaya başlayıncaya kadar ayaklarımla kendimi ittim. Limon sarısıyla kömür karasının birbirine karıştığı gökyüzü bütün görüş alanımı doldurdu.

"Yetişkinler salıncakta sallanmaz."

Bobby'nin sesini duyunca ayaklarımı gevşek toprağa basarak durdum.

Bobby kütük direğin yanında dikiliyor. Gözleri ağlamaktan kıpkırmızı olmuş. Yüzünde minik, pembe yastık izleri var. Saçları yer yer düzleşmiş.

Onu kollarıma almak ve ona sarılmak için içimde müthiş bir istek doğdu. Fakat onun yerine, "Yetişkinler sallanmaz mı?" dedim. "Kim demiş?"

Bobby kaşlarını çattı. "Bilmiyorum."

"Bana eşlik etmek ister misin?"

Bobby uzunca bir süre bana baktıktan sonra diğer salıncağa gitti ve oturağa yerleşip arkasına yaslandı.

"Harika bir salıncak. Biri bunu yapmak için çok uğraşmış olmalı."

"Babam yaptı, çok uzun zaman önce."

Birlikte ileri geri sallanıyoruz. Bulutlar tepemizde toplanıp dağılıyor, süzülüyorlar.

"Şuradaki bulutu görüyor musun?" dedim havalandığımız sırada. "Şu ucu sivri olan... Sence o neye benziyor?"

Bobby bir süre sessiz kaldıktan sonra, "Anneme. Onun da saçları öyle kabarıktı," diye karşılık verdi.

"Bence şeye benziyor... hımmm... Zipperumpa-zoo'ya benziyor."

"Neye benziyor dedin?"

"Profesör Wormbog'u ve onun Zipperumpa-zoo'yu aradığını hiç duymadın mı?"

Bobby başını ciddiyetle iki yana salladı.

"Demek öyle... O halde bir ara o hikâyeyi sana anlatmalıyım."

"Söz mü?"

"Söz."

Bobby nihayet gülümseyip arkasına yaslanarak ayağından destek aldı. "Şu buluta ne diyorsun?

"Sivri uçlu bir sopaya benziyor."

"Ya da Hindistan cevizli kremalı pastaya..."

Bobby kıkırdadı. "Ya da Gandalf'ın şapkasına..."

O kadar çok sallandık ki önce canlandım, sonra hafifledim, en sonunda da sersemledim. Yavaşlayıp göle baktım. Aramızdaki sessizlik tuhaf bir hal almaya başladı. "O hikâyeyi sana şimdi mi anlatsam? İstersen çimlerde oturabiliriz."

Bobby iç çekti. "Bugün gençlik kulübüne gitmeliyim."

"Bu çok mu kötü bir şey?"

"Arnie Holtzner da gelecek. Peder James de sürekli annemden bahsetmek istiyor. Dua edersem kendimi daha iyi hissedermişim. Güya..."

Dönüp ona baktım. "Sence faydası olmaz mı?"

"Tanrı onun ölmesine izin vermedi mi?"

Bu duyguyu bildiğimi hatırlayarak, "Ah, demek ona kızgınsın," dedim.

Bobby omuz silkti. "Ben yalnızca dua etmek istemiyorum."

Bulutlar tepemizde toplanıp çelik grisine benzer bir renge büründü ve Bobby'nin, "Yağmur yağacak," demesine fırsat kalmadan bardaktan boşanırcasına yağmur yağmaya başladı.

Kahkahalar atarak eve doğru koştuk. İçeri girince silkindim ama ne kadar silkinirsem silkineyim giysilerimin kurumayacağı belli. Islak kazağımı çıkarıp yüzümdeki yağmur suyunu sildim. "Birkaç parça kıyafet almak için kasabaya *gitmeliyim.*"

"Dolabında bir kayıp eşya kutusu var. Annem sahiplerinin geri gelmesi ihtimaline karşı *her şeyi* orada saklardı."

"Gerçekten mi?"

"Tabii babam hepsini atmadıysa... Eşyalarımızdan bir an önce kurtulmak için can atıyor."

Odama koşup dolabın kapağını açtım. İşte orada. Üzerinde Kayıp Eşyalar yazan karton bir kutu... Kutunun içinde her bedenden kıyafet var. Hepsini inceledikten sonra kemerli, dar ve neredeyse bileklerime kadar inen siyah bir etekle fildişi renkte kayık yakalı bir kazağı ve siyah çorapları seçtim.

Yeni kıyafetlerimle lobiye döndüğümde Bobby'yi beni beklerken buldum. "Biraz daha oynayabilir miyiz?"

"Gençlik kulübüne gideceğini sanıyordum."

"Öğle yemeğinden sonra gideceğim. Babam üst kattaki koridorun badanasını bitirmek istiyor. Sonra burayı satacak ve biz de *Bawston*'a taşınacağız."

Çocuğun aksanı karşısında gülümsemeden edemiyorum. Yere, onun yanına oturum. "Boston'ı sevmiyor musun?"

"Burayı seviyorum."

"Bunu babana söyledin mi, peki?"

"Sanki beni dinliyor da..."

"Belki de onunla konuşmayı denemelisin."

Yalan dünya. Kendisiyle konuşmak isteyen kız kardeşinden kaçan ben, ansızın iyimser birine dönüştüm. "Annem ve babam, ben senin yaşlarındayken boşandılar. Annem de yeni bir başlangıç yapmak için kız kardeşimle beni ülkenin diğer ucuna götürdü. Babam gitmemize hiç ses çıkarmadı ve onu bir daha da hiç görmedim."

"Çok şanslısın."

Ona baktım. "Gerçekten böyle mi düşünüyorsun?"

Çocuk kaşlarını çatınca alnı buruştu. Bir an için bir şey söyleyeceğini sandım ama onun yerine ayağa kalkıp şöminenin yanına gitti. Ocağın yanında duran eski, tahta kutunun içinden iki oyuncak aldı. Elinde asasıyla beyazlar içindeki Gandalf ve göz alıcı Ork kıyafetiyle Samwise... "Oynamak ister misin?"

Bobby'nin babasına olan hislerinden bahsetmekten ne kadar korktuğunu görebiliyorum. Bunu nasıl anlamamıştım? Gerçek hayattan kaçan ben...

Kutunun içindekileri görmek için başımı eğdim. "Orada Frodo var mı?"

Bobby kıkırdadı. "Evet. Yüzüğü takmış gibi yapacağız."

Bobby'yle birlikte sabah saatlerini oturma odasında Mordor'a ulaşmaya, Doom Dağı'nın dik yollarında ilerlemeye çalışarak geçirdik. Açıkçası en son ne zaman bu kadar eğlendiğimi hatırlamıyorum. Oradan buradan konuşup güldük. Öğle vakti Daniel alt kata indi ve üstü başı boya içinde, elinde iki fırça ve kovayla yanımızdan geçti. "Haydi, Bobby, gençlik kulübüne gidiyoruz."

"Ben gitmek istemiyorum."

"Ne kötü. Haydi bakalım..." Daniel ön kapıyı açıp malzemelerini verandaya bıraktı. "Haydi, oğlum. Önce restoranda öğle yemeği yiyeceğiz."

"Joy da bizimle..."

"Hayır."

Bobby bana, "bak, işte," bakışı atarak ayağa kalktı. "Geliyorum, imparator."

Bu nazik başkaldırı karşısında gülümsememeye çalışmaktan başka bir şey elimden gelmiyor.

Ben onun yaşındayken babama imparator diye seslenmem mümkün değildi. "Güle güle," diyorum oturduğum yerden.

Bobby özlemle bana baktı. "İstersen oynamaya devam edebilirsin. Frodo da olabilirsin."

"Seni bekleyeceğim."

Daniel oğlunu kapıdan çıkardı ve birkaç dakika sonra arabanın çalışıp uzaklaştığını duydum.

Ardından sessizlik geri geldi.

Şimdi ne yapacağıma karar vermeye çalışıyorum. Kendime yeni giysiler, film ve yiyecek bir şeyler almak için kasabaya kadar yürüyebilir, ormanda yürüyüş yapabilir, gölde kanoyla gezebilir ya da uyuyabilirim. Dün gece zorlu bir geceydi; kâbuslar etrafımı kuşatmıştı.

Gözlerimi kapattım. Yumuşak yün halıya uzanıp sönmeye yüz tutan ateşin sıcaklığını hissederken sessizliği dinlemek çok güzel.

Rüyamda şişme yatakta Curran Gölü'nün üstünde yüzüyorum. Tepedeki güneş çok sıcak ve parlak; gözlerimi açmaya çalışıyorum ama acıyorlar. Suyun içinde insanların olduğunu hissediyorum. En belirgin olanı kız kardeşimin sesi: *Özür dilerim*. O özrü tekrar tekrar işitiyorum. Gözlerimi açıp elini tutmamı ve ona hiçbir sorun olmadığını söylemek istiyorum ama biliyorum ki bir sorun var. Kalbimi kırdı. Rüyamda bana uyanmamı söyleyen annemin sesini de duyuyorum. O da bana Stacey'yi affetmemi öğütlüyor. Onlara bunu yapamayacağımı söylemek istiyorum ama sonra dalgalarla birlikte sürükleniyorum. Şimdi okyanustayım, tek başıma... Sonra da beyaz bir odada bir çocuğun yatağındayım.

"Siz benimle DALGA mı geçiyorsunuz?"

Bu cümleyle irkilip şaşkına döndüm. Büyük bir çaba sarf ederek gözlerimi açtım ve ilk başta güneşin aydınlattığı masmavi gölü göreceğimi zannettim.

Ama onun yerine yeşil bir halı, ahşap döşeme ve kareli bir koltuğun alt kısmını gördüm.

Kulübenin oturma odasında uykuya dalmışım. Gözlerimi kırpıştırıp odaklanmaya, sonra da ayağa kalkmaya çalıştım.

Daniel resepsiyon bölümünde volta atarak telefonda konuşuyor. "Kavga etmiş derken?"

Kaşlarımı çatıp dizlerimi bükerek oturdum.

"O daha sekiz yaşında," dedi Daniel içinden küfrederek. "Kusura bakmayın, Peder. Denemediğimi mi sanıyorsunuz? Şu sıralar ne Tanrı'ya ne de bana güven duyuyor."

Yavaşça ayağa kalkıp şöminenin yanında durdum. Daniel beni henüz görmedi ama gördüğünde buna pek sevinmeyeceğini biliyorum. Özel konuşmalarına kulak misafiri olmam şöyle dursun, kulübede kalmamı bile istemiyor. Ama yerimden kımıldayamıyorum. O kadar... doğru kelime aklıma gelmiyor. Öfkeli değil, kızgın da değil.

Yaralı! O kadar yaralı görünüyor ki...

"Anlıyorum," dedi biraz duraksadıktan sonra. Ardından da, "Hemen geliyorum," diye ekledi. Telefonu masaya bıraktı ve yüksek sesle küfrederek elini saçlarında gezdirdi. Yavaşça oturma odasına doğru döndü.

Bense orada kalakalmış, ona bakıyorum. "Affedersin," dedim ellerimi kaldırarak.

"Bir sen eksiktin."

"Yere uzanmıştım. Niyetim kulak misafiri olmak değildi."

Bana buraya ait olmadığımı hatırlatırcasına baktıktan sonra sol tarafımdaki şömine rafının üstündeki fotoğraflara odaklandı.

Aile fotoğraflarına...

Tekrar lanetler yağdırdı ve hızla çıkıp kapıyı da arkasından sertçe kapadı.

Az sonra araba motorunun ve ıslak çakılları püskürterek ilerleyen tekerleklerin sesini duydum ve ancak o zaman yerimden kımıldayabildim.

Şömine rafına dönüp fotoğraflardan birini aldım. Fotoğraf, Bobby henüz tombul yanaklı bir bebekken çekilmiş. Üzerinde mavi kar kıyafetleri var. İçtenlikle gülümseyen Daniel ise güzel, siyah saçlı bir kadına sarılmış. Birbirlerine âşık oldukları gözlerinden okunuyor.

Daniel'ın bana kaba davranmasına şaşırmadım. O ve Bobby davetsiz bir misafirleri olmadan da zor zamanlar geçiriyormuş.

Sonraki yarım saati öğle yemeği hazırlayıp yarattığım dağınıklığı toparlayarak mutfakta geçirdim. İşim bittiğinde odama döndüm ve diğer kıyafetlerimi yıkayıp kurutmak için duşa astım. Sonra da tekrar lobiye döndüm.

Ateş küçük kıvılcımlara dönüşerek sönmeye yüz tutmuş.

Daniel ve Bobby eve döndüğünde ben de ateşin başında durmuş, ellerimi ısıtıyordum.

İçeriye ilk giren Bobby oldu, yüzünde kederli bir ifade var. "Selam, Joy. Babam iki gün GameBoy'umla oynamamı yasakladı. Üstelik ben *hiçbir* şey yapmamıştım."

Onlara döndüm.

Daniel karşımdaki sandalyeye oturdu. Bobby'ye bakışlarından bu tartışmanın onu da üzdüğünü anladım. Öfkeli görünmüyor, üzgün bir ifadesi var. "Bu ailevi bir sorun," dedi iğneleyici bir tavırla. "Onunla konuşma, *benimle* konuş."

Sus, Joy.

Sus.

Susamazdım. Daniel birkaç yıldır oğlunun hayatında değildi ve belki de bu süre içinde çocuklarla hiç haşır neşir olmadı. Elimden geldiğince nazik bir dille, "Çocuklar kavga eder," dedim. "İnan bana, lise kütüphanesinde çalıştığım için bunu çok iyi biliyorum."

Bobby bana yaklaşarak, "Ama babam hiç etmemiş," dedi.

"Ne etmemişim?" dedi Daniel öfkelenerek. Bize, yani Bobby'yle bana bakarken gülümsemiyor.

"Okulda hiç yumruk yememişsin." Bobby'nin sesi titriyor. Sesinin tonundan aslında babasını hayal kırıklığına uğratmak istemediğini anlıyorum.

Sonra Daniel gülümseyerek beni şaşırtıyor. "Gençliğimde Dublin'deyken çok kavga ederdim."

"Gerçekten mi?"

"Evet. Başımı çok derde soktum ve babam da benimle çok uğraştı. Ana kuzusu olmamı istemiyordu." Sonra tebessümü kayboldu. "Ana kuzusu olmak kötü bir şey değil. Annen seni çok severdi, Bobby."

"Biliyorum."

"Ama kilise grubuyla kavga etmeni de istemezdi."

"Bunu da biliyorum."

Hayatlarını değiştirip onları birbirlerine kenetleyecek güzel bir tavsiyede bulunmak istiyorum ama bunun bana düşmediğini biliyorum.

Uzunca bir süre hepimiz sessiz kaldık.

Sonunda Daniel ayağa kalktı. "Ben üst kata çıkıp işime devam edeyim. Burayı kimse bu haliyle satın almak istemez. Geliyor musun?"

"Joy'a oyuncaklarımı göstermek istiyorum."

Daniel'ın gözlerinde anlık bir öfke belirdiyse de hemen kayboldu. "İyi. Ben de tek başıma çalışırım." Tekrar dönüp bakmadan üst kata çıkarak gözden kayboldu.

Daniel gider gitmez Bobby'ye baktım. "Babana biraz kaba davrandın."

"O da bana kaba davrandı." Bobby gözlerinin önüne düşen bir tutam saçı kenara çekince gözünün morluğu ortaya çıktı. "Kavga ettiğim için bana bağırdı. Üstelik benim hatam bile değildi."

Ona dokunmak istiyorum ama henüz teselli edilmeye hazır değil. Ben de onun yerine, "Diğer çocuk ne durumda?" diye sordum.

Bobby sefil bir ifadeyle, "İsabet ettiremedim," dedi. "Ama ona vurmak istedim. Çok *kızmıştım*."

"Ne oldu?"

Bobby yenilgisini kabullenircesine omuzlarını düşürdü. "Arnie Holtzner bana yumruk attı."

"Şu sersem çocuk mu? Neden?"

"Sulu gözlü olduğum için."

"Sen sulu gözlü falan değilsin, Bobby. Çok da cesur bir çocuksun."

"Evet."

"Haydi, anlat bakalım."

"Pamuk toplarıyla şekerlemelerden Noel süslemeleri yapıyorduk. Ben yapmak istemediğimi söyleyince Arnie bana sebebini sordu. Ona süsleme yapmanın çok aptalca olduğunu söyleyince de bana, *'Sensin* aptal,' dedi ve ben de ona aptal olmadığımı söyledim. Sonra da bana vurdu."

Arnie'nin tam bir baş belası olduğunu söylemek istememe rağmen kendimi tuttum. "Peki, neden süsleme yapmak istemedin?"

"Çünkü biz ağaç süslemeyeceğiz." Sesi çatallandı ve babasının sertçe kapattığı kapıya doğru baktı. "Annem Noel'i asla ihmal etmezdi."

Çenemi tutmam gerektiğini biliyorum ama bu yaralı çocuğa bakarken engel olamadığım bir gücün etkisine giriyorum. "Ne olacağını bilemezsin, Bobby. Noel mucizelerle doludur."

Günün geri kalanında Bobby ile ben çeşitli masa oyunları oynayıp *Winnie the Pooh* izledik. Bu arada çekiçle bir şeyler çakıp yerleri zımparalayan, bir odadan diğerine geçen Daniel'ın da üst kattan gelen seslerini duyabiliyorum.

İşlerine karışmamam gerektiğini kendime söyleyip duruyorum ama bu ses çok cılız.

Bu baba ve oğlun yardıma ihtiyacı var ve Noel yaklaşıyor. Ben tatil ruhumu kaybetmiş olabilirim ama küçük bir çocuğun da kaybetmesine seyirci kalamam. Ayrıca bu benim ilk gerçek maceram. Hangi macerasever başkalarının ihtiyaçlarını göz ardı eder ki?

Bobby oyun tahtasına uzanarak, "Haydi, tekrar oynayalım," dedi.

Gülüyorum. Bir yetişkinden en fazla üç Candy Land oyununa tahammül etmesi beklenebilir. Kartlarımı Bobby'nin çekmesine ve taşlarımı benim yerime oynatmasına rağmen dikkatimi pek veremediğimi itiraf etmeliyim. "Kesinlikle olmaz. Başka bir şey yapmaya ne dersin?"

"Buldum!" Bobby hemen ayağa fırlayıp üst kata koştu ve birkaç dakika sonra elinde içi taş dolu bir kavanozla döndü. "Bu benim koleksiyonum." Yere oturup kavanozun içindeki taşları dökünce taşlar etrafa saçıldı. O güzelim taşlar diğer sivri uçlu taşlara karıştı. Kumsaldan topladığı renkli taşlar, yığına renk katıyor.

Bobby'nin yanına diz çöktüm. "Vay canına!"

Bobby onları teker teker topladı. Her taşın farklı bir hikâyesi var. Akikler, kumsal taşları ve sivri uçlu taşlar...

Hızlı konuşmaktan sesi bir çim biçme makinesinin sesi gibi çıkıyor. *Annem bu taşı nehir kıyısında bulmuştu. Buysa kumsalda, bir kütüğün altına gizlenmişti. Şunu tek başıma buldum.* Hikâyeler bittiğinde dizlerini bükerek oturdu. "Bana hep sivri uçlu, beyaz bir taş bulacağını söylerdi."

Küçük çocuğun sesinin gittikçe cılızlaştığını, içinin nasıl da kederle dolduğunu fark ettim. "Annen mi?"

"Evet. Onu birlikte bulacağımızı söylemişti."

Konuyu değiştirmek için ona, "O beş sentin kavanozda ne işi var?" diye sordum.

Bobby kavanoza güçlükle baktı. "Hiç..."

"Hiç" sözcüğünün de bir anlamının olduğu çok belli. "Gerçekten mi? Hiçbir anlamı yok mu yani? Çünkü bunlar çok özel şeyler."

Bobby o sıradan beş sentliğe uzandı. "Bunu bana panayıra gittiğimizde babam vermişti. Bana şekerleme almıştı ve para üstünün bende kalmasına izin vermişti."

"Peki ya şu mavi düğme?"

Bobby yanıt vermeden önce biraz bekledi. Konuşmaya başladığındaysa sesi yumuşak çıkıyordu. "O da babamın iş gömleğinden. Helikoptercilik oynarken düşmüştü. Ben..." Bobby bozuk parayı kavanozun içine atarak her şeyi toplamaya başladı. Taşlar kavanoza çarpıp takırdadılar.

Bobby'nin alnına düşen saçlarını geriye çektim ama bozuk parayla o kadar meşgul ki dokunuşumu fark etmedi bile. Şu anda içi de dışı kadar yaralı görünüyor ve kaybolmuş gibi görünen bu zavallı çocuk içimi parçalıyor.

"Sana bir hikâye okumama ne dersin?"

Bobby'nin yüzünde bir tebessüm belirdi. "Gerçekten mi?"

"Gerçekten. *Professor Wormbog and the Search for the Zipperump-a-Zoo* sende yok sanırım."

"Yok, ama annemin eskiden bana sürekli okuduğu bir kitabım var."

Sesinin canlandığını, içinde bir ümidin yeşerdiğini fark ettim ve bu da beni gülümsetti. "Haydi, hemen git ve getir. Doktor Seuss varsa onu da getir."

Bobby üst kata koştu. Tepemde hızla koşturan ayak seslerini ve kapıların çarptığını duydum.

Bobby birkaç dakika sonra elinde iki kitapla birlikte merdivenlerden hızla inerek yanıma döndü ve kocaman, vahşi bir hayvan avlamışçasına zaferle, "Buldum onları!" diye haykırdı.

Kanepeye oturdum, o da yanıma kıvrıldı. Sonra da bana *Güzel ve Çirkin*'in Disney film versiyonu olan çok sevimli, mavi bir kitap uzattı.

Kitabı nazikçe alıp aramıza koyarak yüksek sesle okumaya başladım. "Bir zamanlar çok uzak diyarlarda her şeyin mükemmel olduğu sihirli bir krallık varmış..."

Kelimeler bizi tabaklarla şamdanların bir çocuğun en iyi arkadaşları olduğu, çirkin bir adamınsa yakışıklı bir prense dönüştüğü bir yere götürdü. Kendimi o kelimelerde önce kaybettim, sonra buldum. Son yıllarda işimde bilgisayarları, teknolojiyi ve internet araştırmalarını daha fazla kullanmaya başladığım için bu işe neden başladığımı unutmuşum. Kitapları, okumayı sevdiğimi unutmuşum. Bir kütüphaneci için kelimelere olan sevgisini bir çocukla paylaşmaktan daha keyifli bir şey yoktur. Kitabın kapağını kapattığımda Bobby bana gülümsedi ve oturduğu yerde zıplayarak, "Yine oku!" dedi.

Güzel ve Çirkin'i bırakıp parlak turuncu renkli Doktor Seuss'u aldım. "Şimdi sıra sende."

Yüzünü bir denizaltının kapısından daha sıkı bir şekilde kapattı. "Ben okuyamam."

"Haydi ama..." Kitabı açıp ilk cümleyi gösterdim ve okudum: "Ben Sam." Sonra bekledim.

Sessizlik fazla uzayınca Bobby bana baktı. "Ne oldu?"

"Bekliyorum; senin sıran."

"*Sağır* mısın? Okuyamam, dedim."

Kaşlarımı çattım. "İlk kelimeye ne dersin?"

Bobby çenesini öne doğru uzatıp gözlerini bana dikti. "Hayır."

"Bir kere dene. Yalnızca ilk kelime..."

"Hayır."

"Lütfen."

Teslim olduğunu hissettim. Yanı başımdaki vücudu iyice gevşedi ve Bobby iç çekti.

Kaşlarını çatıp kitaba bakarak, "Ben..." dedi. "İyi ama bu yalnızca üç harften oluşuyor. Ne önemi var ki?"

"Üç harfli ama sonuçta bu da bir kelime."

Bu kez bana döndüğünde korkmuş bir hali var. "Okuyamam." Sesi bir fısıltı gibi çıkıyor. "Arnie bir aptal olduğumu söylüyor."

"*Okuyabilirsin.* Korkma. Sana yardım ederim." Nazikçe gülümsüyorum. "Ayrıca Arnie hakkındaki fikrimi de biliyorsun."

Yavaş yavaş bir sonraki kelimeyi de hecelemeye başladı. Biraz takılınca küçük bir yardımda bulunarak onu cesaretlendirmeye çalıştım.

"S...A...M." Bobby kaşlarını çatarak bana baktı. "Sam mi?"

"Bütün sayfayı okudun."

"Bebek kitabı da ondan..." dedi Bobby ama dudaklarının köşesinde bir tebessüm belirdi.

"Ama bebekler, '*Ben Sam,*' cümlesini okuyamaz, yalnızca büyük çocuklar okuyabilir." Sayfayı çevirdim.

Sıra *Green Eggs and Ham* kitabına geldiğinde Bobby kaşlarını çatmaktan vazgeçti. Çok zamanımızı aldı ama bütün hikâyeyi okudu ve bittiğinde gülümsüyordu. "Bütün kitabı okudum."

"Gerçekten de iyi iş çıkardın," dedim ve nazikçe, "İstersen babanla da okuyabilirsin," diye ekledim.

"Hayır. Babam öğretmenime özel ders almam gerektiğini söyledi. Özel dersler aptal çocuklar içindir."

"Özel dersler aptal çocuklar için *değildir*. Ben kütüphanede çocuklara hep özel ders veririm."

"Gerçekten mi?"

Yanıt vermeme fırsat kalmadan merdivenlerden gelen ayak seslerini duydum. Bobby'yle kafalarımızı aynı anda kaldırdık.

"Haydi, oğlum," dedi Daniel yorgun bir ifadeyle. "Bir şeyler yemek için kasabaya gidiyoruz."

"Joy da gelebilir mi?"

"Hayır."

Daniel'ın yanıtını hem saçma bulmuş hem de incinmiştim, ta ki yüzünü görene kadar... Bu soru onu yaralamış. Bobby benimle birlikte olmak istediği için Daniel beni kıskandı. Kıskançlığın nasıl bir duygu olduğunu, insanın içine işleyip kötü tarafını ortaya çıkardığını az çok bilirim. Sevgiden kaynaklandığını da bilirim.

"Onunla *konuş*," diye fısıldadım. Ne ironik bir tavsiye... Kız kardeşiyle konuşmaktan kaçınan bir kadın, başkalarına konuşmalarını öğütlemekte hiçbir sakınca görmüyor.

"Haydi, Bobby, hafta sonları köfte çabuk bitiyor ve köfte en sevdiğin yemek."

Bobby ayağa kalktı. Benden uzaklaşırken üzüntüsünü yansıtırcasına omuzları düştü. "Hayır, en sevdiğim yemek pizza."

Daniel irkildi. Sesi gerildi. "Haydi, gidelim."

Onlar gittikten sonra kanepeye oturup sönmeye yüz tutan ateşi izledim. Yağmur çatıyı dövüyor ve gümüş rengi damlalar halinde pencereden aşağı süzülürken dış dünyayı belirsizliğe gömüyor. Bu bulanıklıktan bir şikâyetim yok çünkü benim için önemli olanlar bu kulübenin içinde.

Bobby'ye ve Daniel'a yardım etmek için bir şeyler yapmalıyım.

Ama ne?

Bu gece uyumakta yine zorlanıyorum. Aklımdan bir sürü şey geçiyor. Uykum bir geliyor, birkaçıyor. Kız kardeşimle Thom, kız kardeşimin bana uzattığı düğün davetiyesi ve uçak kazasına dair dehşet verici görüntüler gözümün önüne geliyor.

Fakat günün ilk ışıkları küçücük odama gelip pencereye vurduğunda geriye sadece tek bir endişem kaldı. Diğerlerini zihnimden kovdum.

Bobby'nin Noel'i...

Bu kendi sorunlarımdan farklı, çözebileceğim bir sorun. Başka birinin hayatını değiştirecek bir şeyler yapabilirim ve bir başkasına yardım ederek belki kendime de yardım etmiş olurum.

Hızlıca bir duş aldıktan sonra tekrar "yeni" kıyafetlerimi giyip lobiye gittim.

Tahmin ettiğim gibi Daniel çoktan çıkmış. Traktörüyle göl kıyısını temizlediğini görebiliyorum. Günün büyük bir kısmını çalışarak geçireceğini bilecek kadar da tanıdım onu. Şimdi tam vakti.

Üst kata koşup doğruca Bobby'nin odasına girdiğimde hâlâ yatağında olduğunu gördüm. "Bobby? Haydi, uyan."

"Joy?"

"Bir planım var."

Bobby gözlerini ovuşturdu. "Ne planı?"

"*Gizli* bir görev."

Bobby oturduğu yerde doğruldu. "Casuslar gibi mi?"

"Aynen öyle."

Bobby örtüleri üzerinden atıp yataktan indi. Örümcek Adam pijamaları ve kafasına yapışmış saçlarıyla inanılmaz derecede küçük görünüyor.

"Alt katta," dedim saatime bakarak. "Saat dokuzu yedi geçiyor. Beş dakikan var. Yoksa görevi kaçırırsın. Dişlerini fırçalamayı da unutma."

Bobby kıkırdadı.

Kapıya doğru giderken ben de gülümsedim. Bobby dört dakika sonra merdivenlerden yavru bir Saint Bernard gibi neşeyle inerek yanıma geldi.

"Başardım mı?"

"Tam vaktinde geldin. Ajan 001, şimdi çok sessiz ve dikkatli olmalıyız."

Bobby ciddiyetle başını salladı.

Onu dışarıya yönlendirdim. Kimsenin bizi görmesini istemediğimiz için dikkatlice hareket ediyoruz. Aslında buna çok da gerek yok. Daniel şu anda görüş alanımızın dışında, ormanın derinliklerinde.

Daniel'ın dün çalıştığı yere gidiyoruz. Yakacağa dönüşmeyi bekleyen en az bir düzine genç köknar ağacı var. İşaret parmağımı çeneme vurarak, "Hımmm, bu ağaçlardan hangisi Noel için evine gelmek ister acaba?" dedim.

Bobby'nin nefesi kesildi. "Noel ağacı mı süsleyeceğiz?"

"Evet."

"Babamın hoşuna gitmeyecek."

"Sen o işi bana bırak," dedim hissettiğimden daha cesur bir ifadeyle.

Bobby tekrar kıkırdadı. "Nasıl istersen, Gizli Ajan Joy..."

"Hişşşt! Adımı yüksek sesle söyleme."

Eliyle ağzını kapatıp diğerlerinden daha sıska ve hüzünlü gibi görünen bir ağacı seçti ve sonra onu kulübeye taşıdı.

Eve girdikten sonra sessiz ve hızlı hareket ettik. Bobby üst kata koşup içi ışıklandırmalarla dolu, yılbaşı çiçeğiyle süslenmiş kırmızı kutuyla geri döndü. Aynı işlemi birkaç defa tekrarladı. Şimdi şöminenin yanında dört kutu ve bir ağaç var.

Ağacı kaldırıp en doğru pozisyona yerleştirmemiz yirmi dakikamızı aldı. Bir türlü olmadı. Kız kardeşim şu halimi görse hiç şaşırmazdı. Bobby ve ben beceriksizliğimize gülüp birbirimizi susturduk. Birkaç dakikada bir pencereye gidip Daniel'ı kontrol ediyoruz. Biraz geri çekilip ağacı inceleyene kadar bu *duyguyu* fark etmemiştim.

Kayıp ve özlem duygusu... Yılın bu zamanının Stacey ve benim için nasıl bir anlam taşıdığını düşünmeden edemiyorum. Sırf ben ondan daha çok istedim diye, Noel Baba'nın ona hediye ettiği Holly Hobbie bebeğini bana verdiği o gün gibi... Çok küçükken gittiğimiz şu inanılmaz kamp gezisi var bir de. Annemin saçlarına bandana takıp rengârenk tişörtler giydiği, ıssız yollardan geçerken şarkı söyleyip sigara ve içki içtiği günlerdi. Stacey'nin esprileri sayesinde aklımı kaçırmamıştım.

Şimdi Noel sabahını bensiz geçiriyor. Daha önce, ömrümüz boyunca böyle bir şey olmamıştı. Daniel ile Bobby'nin arasını düzeltmeye çalışıyorum ama Stacey ve ben ne olacağız?

"Neden ağlıyorsun?"

Gözlerimi silip omuz silktim. Böylesi bir özlemi küçücük kelimelere nasıl sığdırabilirim ki?

Bir an için duraksayıp birbirimizden güç aldık ve işimizin başına döndük. Süslemelerle ışıklandırmaları onun seçmesine izin verdim. Ne de olsa bu onun ağacı; benim görevimse ona cesaret verip onu anlamak.

Bobby kutunun başına gitti. Seçim yapması uzun bir zaman aldı ama sonunda eğilip bir süs buldu. Yağmur ormanlarını yansıtan rengârenk bir dünya bu. Onu bana gösterdi. "Bunu annem yapmıştı."

"Çok güzel."

Süslemeyi ağaca asarak kutunun başına döndü ve sonraki bir saat boyunca ara vermeden kutuyla ağaç arasında mekik dokudu. Seçtiği her süslemeyle birlikte bana bir şeyler söyleyip kendinden bir şeyler verdi.

Nihayet sıra kutudaki son süslemeye geldi. "Bu onun en sevdiğiydi. Yuvadayken yapmıştım."

Bobby süslemeyi bana verdi. Hem uyandırdığı duyguyu hem de narinliğini göz önünde bulundurarak süslemeyi nazikçe aldım. Gümüş renge boyalı makaralardan ve kurdelelerden yapılmış bir çerçeve bu. Çerçevenin içinde Bobby'nin ve hüzünlü gözlerle bakan, güzel, siyah saçlı bir kadının fotoğrafı var.

"Bu o," dedi.

Fotoğrafın altına "Bobby ve Maggie/2001" yazılmış.

"Çok hoş," dedim çünkü başka ne söyleyebileceğimi bilmiyorum. Bana dönmesini, ona sarılmama izin vermesini istiyorum ama yanımda kaskatı bir ifadeyle duruyor. Yüzüne düşen saçlarını kenara çekip sıcak yanağını okşadım. "Her şey düzelecek, Bobby, inan bana."

Bobby başını sallayıp burnunu çekti. Bu sözleri daha önce de duyduğunu ve buna inanmadığını biliyorum.

"Gece arabasını bir ağaca çarpmış," dedi. "Yağmur yağıyordu. Cadılar Bayramı'nın ertesi günü..."

Üstünden çok az zaman geçmiş. Bobby ve Daniel'ın neden bu kadar yaralı oldukları ortada.

Onu rahatlatacak bir şeyler söyleyebilmeyi çok istiyorum ama ben de ebeveynini kaybetmiş bir kadın olarak zamandan başka hiçbir şeyin ona yardım edemeyeceğini biliyorum.

"Onu yolculamamıştım," dedi. "X-Men'i izlememe izin vermediği için ona kızmıştım."

Onu dinlerken yüreğim parçalandı. Pişmanlık çok güçlü bir hatırlatıcıdır; en güçlü insanlara bile diz çöktürür. Küçük bir çocuk bu duyguyu bilmemeliydi. Niçin annesini "gördüğü" çok açık...

Yaşlı gözlerle bana baktı. Kirpiklerini ıslatan gözyaşları ışıl ışıl. Gözündeki o çirkin morluk bana yüreğinin ne kadar yaralı olduğunu hatırlatıyor. "Anneme ondan nefret ettiğimi söyledim."

"Kızgın olduğun için öyle dediğini biliyordur."

Bobby alçak sesle, "Sen de beni bırakıp gitmeyeceksin, değil mi?" diye sordu bana.

Ne kadar tehlikeli bir yola adım attığımı ilk kez gördüm. Ben tehlikeden kaçan bir kadınım; bu çocuğun ihtiyacı olan, benim gibi bir kadın değil.

Aramızdaki sessizlik büyüdü. Bu sessizlikte uzakta iskeleye vuran suyun sesini ve saatin tik taklarını duyuyorum. Bobby'nin bir iyi geceler öpücüğü kadar sessiz iç geçirişini de duydum.

"Ben şu anda senin için buradayım," dedim sonunda.

Önemli olan kelimeyi duydu: *şu anda.*

"Bobby..."

"Anlıyorum. İnsanlar gider." Bana arkasını dönüp Noel ağacına baktı. Sanırım ikimizin de biraz neşesi kaçtı.

İnsanlar gider.

Bobby bu üzücü gerçeği daha sekiz yaşında öğrenmiş.

Şömineyle pencerelerin arasındaki Noel ağacı lobinin köşesini bütünüyle kapladı. Ağacın o cılız dalları düzinelerce süsle örtüldü. Süsler beceriksizce yerleştirilmiş olsa da o kadar çoklar ki ağaç dopdolu ve yemyeşil görünüyor. Küçük bir çocuk tarafından süslendiği her halinden belli. Pürüzlü ahşap rafın üstü simli, beyaz bir tabakayla örtülü. Sayısız minyatür evin ve dükkânın önü beyaza bürünmüş durumda. Küçük sokak lambaları, at arabaları ve kadifeler içinde Noel şarkıları söyleyen insanlar sokakları doldurmuş. Bobby'nin en sevdiği

Noel albümü olan Charlie Brown film müzikleri çalıyor ve müzik hoparlörlerden yükselip koridora yayılıyor.

Bobby pencereye baktı. "Geliyor mu?"

Bana bu soruyu beş dakika içinde beşinci defadır soruyor. İkimiz de gerginiz. Evi süslemek bir saat önce iyi bir fikir gibi gelmişti ama şimdi emin değilim. Kötü bir niyeti olmasa da etrafına sürekli zararı dokunan kararsız bir akrabanın haddini bilmezliğine büründüm sanki.

Dün gece yatağımda uzanıp gerçek hayatımda yaşadığım kâbustan kaçmak için bugüne dair hayaller kurarken yaptığım şeyin Daniel'ı memnun edeceğini düşünmüştüm.

Şimdiyse ne büyük bir aptallık ettiğimi görüyorum.

Bana kızacak; bundan giderek daha çok emin oluyorum. Geçmişin ona hatırlatılmasını ya da oğlunun tatiliyle ilgili kayıtsızlığının yüzüne vurulmasını istemez elbette. Beni her işe burnunu sokan, sorun yaratan biri olarak görecek.

Bobby şöminenin yanına oturdu, sonra kalktı ve tekrar pencereye gitti. "Ne kadar zaman geçti?"

"Otuz saniye kadar."

"Sence kızacak mı?"

İnandırıcı olabilmek için uzunca bir süre duraksayıp, "Hayır," dedim. İkimiz de bundan emin olmadığımı biliyoruz. İki aydır bir hayaletle konuşan Bobby, ses tonlarındaki en ufak bir değişikliğe bile duyarlı hale gelmiş.

"Eskiden Noel'i severdi. Yılın en güzel günü olduğunu söylerdi." Duraksadı "Sonra annem ve ben buraya taşındık ve onlar boşandı." Bobby tekrar pencereye gidip dışarıya baktı. Penceredeki o belli belirsiz yansımasını görüyorum.

"Anneme hep beni ziyarete geleceğini söylüyordu ama hiç gelmedi."

Bu sözler karşısında ne diyeceğimi bilemiyorum. Aklıma babamın gittiği gün geldi. Bobby'nin yaşındaydım ve onu göreceğim günü on yıldan fazla bir süre beklememe rağmen öyle bir gün hiç gelmemişti. Annem içimi rahatlatarak acımı dindirmeye çalışıyordu ama kapının çalmasını beklerken kelimeler yetersiz kalıyordu. Bobby sessizliğin anlamını ve insanı nasıl etkilediğini biliyor. Boşanmanın ne demek olduğunu ben de biliyorum.

Belli ki Bobby işin iç yüzünü tam anlamıyla bilmiyor. Bütün bu olanlar tek bir kişinin hatası değil. Bu düşünce beni şok etti. Bunu ilk kez itiraf ettim. "Önemli olan şimdi burada olması. Belki de ona bir şans vermelisin," dedim usulca.

Bobby yanıt vermedi.

Dışarıda pırıl pırıl parlayan güneş, bulutların arasından kendini gösterdi. Göl parlak bir cam gibi görünüyor.

"İşte, geliyor!" Bobby yanıma koşup bana sokuldu.

Kapı açıldı.

Daniel kulübeye girdi. Üzerinde fermuarı karnına kadar açılmış bir tulum var. Kirli eldivenleri arka cebinden sarkıyor. Siyah saçları darmadağınık, dalgalı bir yığına dönüşmüş ve yeşil gözleri yorgun görünüyor. Bize gülümsemeden, "Merhaba," dedi ve resepsiyon bölümüne giderken durup ağaca bir göz attı. "Ne yaptın böyle, oğlum?"

Gerildiğimi hissediyorum. Şu anda ters bir şey söylemesi o kadar kolay ki...

"Biz yaptık. Joy'la birlikte..."

Ağaca doğru yürürken, "Joy mu?" dedi alçak sesle. "Ev işlerimize de mi burnunu sokmaya başladı?"

Bobby endişeyle bana baktı.

Bunu yapmamalıydık, yani ben yapmamalıydım. Bu gerçeği şimdi tüm açıklığıyla görebiliyorum. Onlar hakkında hiçbir şey bilmiyorum, gerçek anlamda hiçbir şey... Bazen anılar gözler önüne serilemeyecek kadar acı vericidir. Ben bir yetişkin olarak ihtimalleri düşünmeliydim. Bobby için ortamı biraz yumuşatmalıydım. "Daniel," dedim ileriye doğru bir adım atarak. "Elbette..."

"En sevdiğin süslemeleri kullanmışsın," dedi Daniel, beyaz melek şeklindeki süslemeye yavaşça dokunurken.

"Onu anneme sen almıştın," diye karşılık verdi Bobby. "Hatırladın mı? Büyükannemle büyükbabamın evinin yanındaki dükkândan..."

Daniel yavaşça bize döndü ve taştan yontulmuş bir heykel gibi kımıldamadan, öylece durdu. Buna nasıl dayandığını, oğluyla arasına nasıl mesafe koyabildiğini merak ediyorum. "Yıldız nerede, peki?" diye sordu sonunda.

Bobby bana baktı. "Masanın üstünde. Tepesine ulaşamadık."

Daniel masanın üstündeki tenekeden yapılmış yıldıza uzandı ve tam onu ağacın tepesine yerleştirecekken durup Bobby'ye döndü: "İstersen yıldızı birlikte yerleştirebiliriz."

Daniel'ın sesindeki belirsizliği, oğlunun ona itiraz etmesinden korktuğunu fark ettim. Aslında ne kadar kırılgan olduğumuzu, özellikle de sevgi söz konusu olduğunda birbirimizi ne kadar kolay yaralayabileceğimizi görüyorum.

Stacey.

Bir an için gözlerimi kapatınca içimi bir pişmanlık sardı. Gözlerimi açtığımda Bobby babasının yanına gitti ve onları böyle bir arada görmek beni gülümsetti.

Daniel, Bobby'yi kucağına alıp ayağa kalktı. Sonra yıldızı oğluna verdi ve Bobby onu ağacın tepesine yerleştirdi.

Sonra da bir adım geri çekilip çıkardıkları işi hayranlıkla izlediler.

"Muhteşem oldu," dedi Daniel. Sesinin boğulduğunu fark ettim.

"Bunu Joy'a söyle, baba. Bu onun fikriydi."

"Eminim ne kadar memnun olduğumu biliyordur."

"Hayır. Sen söyle. İşte orada."

Yavaşça bana dönüyorlar.

Daniel bana baktığında yeşil gözlerindeki ışıltı açıkça görülüyor. O, oğlunu yürekten seven bir adam. Belki de onu bu sevgiyle nasıl baş edeceğini bilemeyecek kadar çok seviyor. Şimdi Daniel'ın bütün kabalığını affettim. Kederin ve sevginin bir insanın kalbini nasıl kıracağını çok iyi biliyorum. "Teşekkürler, Joy."

"Onunla konuşabilirsin, baba. O çok iyi biri."

"Bir kadınla konuşmayalı çok uzun zaman oluyor. O yüzden artık biraz zorlanıyorum."

Ona karşı tuhaf bir yakınlık hissederek, "Sorun değil," dedim. İkimiz de boşanmışız, benzer bir savaşın kurbanlarıyız. Ben aylar önce boşanmış olmama rağmen hâlâ kendimi bekâr gibi hissetmiyorum. İkiye bölünmüş... hatta kırılmış gibi hissediyorum ve Daniel haklı; sohbet etmek artık eskisi kadar kolay değil.

Gerçeklere dönmem için o tek kelime, "boşanma" kelimesi yetmişti. Ansızın Stacey ile Thom'u, eskiden nasıl olduğumuzu düşünmeye başladım. Sonra da aklıma park halindeki Volvo'mun bagajında ölüme terk ettiğim ağaç geldi.

"Joy, iyi misin?"

Bobby'nin sesiyle kendime geldim. Ona gülümsedim ve gülümsememin gerçekçi görünmesini ümit ettim. "İyiyim."

"Elbette iyi," dedi Daniel, "Noel zamanındayız. Ama her ne kadar oturup sizinle sohbet etmek istesem de doktor randevuna yetişmemiz gerekiyor."

Bobby, "Ah, lanet olsun," diye sızlandı. "Gitmek istemiyorum."

"Biliyorum, oğlum."

Bobby gözlerini babasından bana çevirip, "Joy da gelebilir mi? Lütfen!" diye yalvardı. "Korkuyorum."

"Ama *ben* zaten yanında olacağım, Bobby."

"Joy'a ihtiyacım var."

Bu yanıtın Daniel'ı ne kadar kırdığı belli.

Bense Daniel'a bakarak, "Bence bu iyi bir fikir değil," dedim.

Bobby, "Lütfeeen, Joy," diye sızlandı. Gözleri gözyaşlarıyla ışıldıyor.

Onu hayal kırıklığına uğratamam. "Olur, ama ben bekleme salonunda oturacağım."

Bobby babasının kucağından indi. "Gidip Freddy'yi alayım."

Bobby merdivenlerden çıkarken ben de orada durup tarifsiz bir hüzünle Noel ağacını inceleyen Daniel'a baktım. Bu süslemenin, belki de ağacı süslerken yanımızda olmayışının canını ne kadar yaktığını görebiliyorum. Bir şey söylemeli ya da yapmalıyım ama ağzımdan çıkacak bütün sözler yersiz olacak.

Sonra şansımı kaybettim. Daniel yanımdan geçip üst kata çıktı ve on beş dakika sonra eski bir kot pantolon ve koyu yeşil bir kazakla geri geldi. Kulübeden çıkıp aracına doğru yürüdük. Bobby kapıyı açıp bindi ve aracın orta kısmındaki koltuğa yerleşti. O çok sevdiği eski, içi dolgulu kuzusuna kenetlenmiş. Ben de onun yanına yerleştim. Daniel kapıyı kapatıp şoför koltuğuna gitti.

Kasaba yolculuğu çok kısa sürdü ama aradaki iki buçuk kilometrelik yol boyunca gördüğüm güzelliklere hayran kaldım. Devasa yeşil ağaçlar yol kenarlarını, uzaktaki karlarla kaplı dağlara giden yolu örten kocaman, karanlık ormanlık alanı, yani her yeri kaplamış.

"Burası çok güzel," derken pencerenin camında kendi yüzümün hayaleti andıran yansımasını gördüm. Camın arkasında etrafım, yanından geçtiğimiz ağaçların yarattığı yeşil ve siyah renkli belirsizlikle çevrelenmiş.

Noel'e uygun şekilde dekore edilmiş ilginç dükkânların sıralandığı sokaklarıyla kasaba tam da hatırladığım gibi. Trafiği tek durduran, tabelalar ve yayalar; burada trafik lambası yok. Bu mavi, ışıl ışıl öğleden sonrasında kaldırımlar çok kalabalık. Hangi yöne baksam insanlar toplanmış, sohbet ediyorlar. Köşeyi dönene kadar manzara âdeta bir kartpostalı andırıyor.

Bu sokak insanlar ve karavanlarla dolu.

Daniel frene basarak, "Lanet olsun," dedi. "Bu haber de eskidi artık."

Tam ne olduğunu ona soracakken yanımdaki karavanın üstündeki yazıyı gördüm:

KING TV.

Medya.

Kaza.

Tabii ya... İçgüdüsel olarak pencereden uzaklaştım. Beni aramadıklarını biliyorum ama sonradan pişman olmaktansa kendimi şimdiden güvenceye almalıyım. Polis merkezine şöyle bir bakış attığımda insanların kapının önünde toplandığını gördüm

Daniel tekrar döndüğünde boş bir yola çıktık. Eski kamyoneti otoparka çekerek motoru durdurdu. Motor kuru bir gürültü çıkardıktan sonra sustu.

Bunu takip eden sessizlikte Bobby başını kaldırıp babasına baktı. "Neden yine doktora geldim?"

Daniel, Bobby'nin emniyet kemerini çözdü. "Zor günler geçirdin, oğlum. Annesini kaybeden herkes üzülür."

Bobby iç çekerek kollarını göğsünde kavuşturdu. Sesi duygu yüklüydü. "Ama annesini kaybeden herkes onun hayaletiyle konuşmaz."

Daniel iç geçirdi. "Sana yardım etmeye çalışıyorum, Bobby."

"Bana inansaydın *yardım* etmiş olurdun," dedi Bobby, arabadan inip önden giderek.

Bense otoparkta Daniel'la birlikte yürüdüm. Kollarımız birbirine değecek kadar yakın yürüyoruz ama ikimiz de geri çekilmiyoruz. Bobby'nin kontrolü için binaya girerken bir an üçümüzün bir aile olduğunu hayal ettim. Gerçekten öyle olsaydık onlarla birlikte koridordan geçip doktorun odasına girerdim. Oğlumun sağlığına dair doktorun bütün sorularını yanıtlardım. İşimiz bittiğindeyse üçümüz birlikte külahta dondurma yemeye giderdik.

Oysa şimdi tek başıma bekleme salonuna geçip oturdum. Bir ara pencereden koca bir araba büyüklüğündeki orman gülüne bakarken bir hemşire yanıma geldi ve elini omzuma koyup bana baktı.

Bu dokunuşla irkildim. Yanıma geldiğini bile fark etmemiştim.

"Nasılsın bakalım?" diye sordu.

Kaşlarımı çattım. Uykuya mı daldım? Kâbus falan mı görüyorum? Sanmıyorum. Pencereden dışarı bakıp orman gülünün kocaman yeşil yapraklarını düşünüyordum, o kadar.

"İyiyim, teşekkürler," demek için ağzımı açtım ama onun yerine, "Ben yalnızım," dedim.

Elma yanaklı tombul hemşire hüzünlü bir şekilde gülümsedi. "Yalnız değilsin."

Bu teskin edici sözler kendimi daha iyi hissetmemi sağladı ama yanımdan gittiğinde yine yalnız kaldım. Bekliyorum. Bakersfield'dan ve kazadan kaçtığımdan beri ilk kez neyi beklediğimi merak ediyorum.

* * *

Doktor randevusundan sonra otoparka doğru yürürken Daniel, "Bence şimdi bir dondurma iyi gider," dedi. "Ne dersiniz?"

Bobby hoplayıp zıplayarak, "Yaşasın!" diye karşılık verdi.

Ben de gülümsememeye çalışarak, "Hiç fena olmaz," dedim. Daniel'ın beni ilk kez kabullendiğini, beni aralarına aldığını hissediyorum.

Otoparkın biraz ötesinde her iki yanında küçük, bakımlı evlerin sıralandığı, ağaçlarla kaplı çok sevimli bir sokak var. Parlak yeşil çimenleri, sarı çalılıkları, çömlekler içinde mavi yeşil karalahanalarıyla bahçeler, bu soğuk aralık gününde bile rengârenk. Dekoratif kiraz ağaçları kaldırıma sıralanmış. Dalları şimdi boş olsa da pembe çiçeklerle bezendikleri zamanları hayal etmek hiç de zor değil. Bahar geldiğinde havada uçuşan pembe konfetileriyle bu sokaklar şüphesiz ki bir geçit törenini andıracak.

Köşeye vardıktan sonra böylesine güneşli bir günde Noel alışverişine çıkan kalabalığın arasına daldık. Etrafımız birbiriyle konuşan insanlarla çevrili. Yanından geçtiğimiz herkes Daniel'ı ve Bobby'yi selamlıyor.

Yedi çeşit dondurmasını gururla sunan küçük, şirin bir dondurmacıya girdik. Tezgâhın arkasındaki televizyon açık. Ekranda Jimmy Stewart, Bedford Falls'un karlı yollarında koşturuyor. Hızmalı burnu ve simsiyah saçlarıyla dondurma servisi yapan genç ve güzel kız bize gülümsedi. "Selam, Bobby. Her zamankinden mi istiyorsun?"

Bobby ona sırıttı. "Aynen öyle. İkişer top olsun."

Kızın Daniel'a bakarken kızarıp kekelemesi bana onun ne kadar yakışıklı olduğunu hatırlattı. Yakışıklılığı bir ergenin bile gözünden kaçmadı. "Ben pralinli ve kaymaklı istiyorum," diyerek İrlandalı aksanıyla genç kızı gülümsetti.

Ben de tam külahta kurabiye aromalı dondurma isteyecekken ekranda uçak kazasının görüntüleri belirdi. Yerel bir muhabir küle dönmüş enkazın önünde durmuş şöyle diyor: "...uçak, bölgenin kuzeydoğusundaki ormana düştü. Kurtulanlar tedavi için hava yoluyla çeşitli hastanelere götürüldüler. Yetkili birimler kurtulanların kimliklerini belirleyip aile fertleriyle irtibata geçiyor. Listelenen bütün isimlerin hayatta olduğu anlaşıldı."

Tanrı'ya şükür. Herkes kurtulmuş.

"Bununla birlikte tanıklar, kimliği belirsiz bir kadının son anda bir bilet aldığını..."

Ansızın paniğe kapıldım. Beni arıyorlar. Hiç düşünmeden, "Affedersiniz," diye mırıldanarak Daniel ile Bobby'nin yanından geçip gittim. Fakat dükkândan istediğim kadar çabuk çıkamadım.

Dışarıda bir banka kendimi bırakıp arkama yaslandım. Kalbim küt küt atıyor.

Başımı kaldırdığımda Daniel ile Bobby'nin dondurmacıdan çıktıklarını gördüm. İkisinin de suratı asılmış.

"İyi misin?" diye sordu Bobby.

Korktuğunu ve endişelendiğini gözlerinden okuyabiliyorum. Hayatın bir anda altüst olabileceğini, yanında olan insanların bir anda kaybolabileceğini bilen bir çocuk o.

"İyiyim," dedim ama aslında hiç iyi değilim. İyi olmanın yanından bile geçemem.

Beni arıyorlar.

Şimdi ne yapacağım? Kimliğimi daha ne kadar gizleyebilirim ki?

Çantam. Çantamı bulabilirler.

Daniel bize bakıp, "Ne oldu?" diye sordu.

Paniğe kapılarak titremeye başladım. *Geri dönemem,* demek istiyorum ama bu sözler ona bir şey ifade etmeyecek. Başımı kaldırdığımda Daniel'la göz göze geldim ve kendimden geçtim. Bana bakması kalp atışlarımı hızlandırdı.

"Her şey yolunda mı?" diye sordu.

Endişesi beni derinden etkiledi. Çok uzun zamandır yalnızım. Küçücük bir ilgi bile beni şaşkına çevirmeye yetti.

Burada kalmayı bu kadar çok istememe ben bile şaşırıyorum. Yine de zamanın geçtiğinin farkındayım. Adımı öğrendikleri an eve döneceğim.

"İyiyim. Gerçekten..."

Ayağa kalktığımda dengemi hemen sağlayamadım ve Bobby çabucak yanıma geldi.

Üçümüz birlikte kalabalık sokaktan geçtik. Dikkatimi dağıtan süslü vitrinler haberlerden başka şeyler düşünmemi sağladı. Arada bir dükkânlara da giriyor, samimi bir şekilde karşılanıyoruz. İnsanlar bize bakıp gülümsüyor ve mutlu yıllar diliyorlar. St. Helen Dağı'nın küllerinden yapılan bir süs, bakırdan ve deniz kabuklarından yapılmış bir rüzgâr çanı, üzerinde "yağmur ormanlarında ıslan ve coş" yazan bir tişört gibi sayısız hediyelik eşya ve biblo dikkatimi çekti ama yanımda para yok. Kasabadan ayrılırken bu dükkânlardan birine uğramayı aklımın bir köşesine yazdım. Eve döndüğümde evrak dolabıma çok sayıda broşür, kitapçık ve harita eklemek istiyorum.

Eve döndüğümde...

Bu düşünceyi zihnimin bir köşesine itip anın tadını çıkarmaya çalışıyorum.

Vitrininde bir Noel resmi bulunan bir lokantanın, sonra da bir çerçevecinin önünden geçiyoruz.

Bir ara Bobby olduğu yerde donup kaldı.

Ona baktım. "Bobby?"

Bobby'nin gözleri sağ tarafımızdaki bir binada. Burası vitraylı pencereleri, büyük meşe ağacından kapısı ve bahçesindeki, İsa'nın doğumunu simgeleyen süslemesiyle çok güzel bir taş kilise.

Daniel oğluna baktı. "İçeri girip annen için bir mum yakabiliriz."

Bobby başını iki yana sallayıp çenesini belirgin bir biçimde öne doğru uzattı. Yerinden kımıldamadı.

Daniel oğlunun elini tutup nazikçe, "Noel arifesinde de olur," dedi.

Sonraki yarım saat boyunca vitrinlere bakarak gezdik ve Daniel büyük bir kızarmış tavuk satın aldı. Onu yemek için parktaki piknik masasına oturduk. Bobby bana bir kâğıt tabak, peçete ve çatal verdi ama açıkçası hiç aç değilim. Haberler iştahımı kapattı. Anlaşılan kasabaya yaptığımız bu küçük yolculukta tek üzülen ben değilim.

Daniel kola şişesini açarken, "Evet, Bobby," dedi sonunda, "Konuşmak ister misin?"

Bobby tabağına baktı. "Hangi konuda?"

"Tanrı'ya duyduğun öfke konusunda."

Bobby omuz silkti.

Daniel oğlunu inceledi. Bu kısacık bakışın ne kadar duygu yüklü olduğunu gördüm. Bunlar, sevmesini bilen bir adamın bakışları. "Seni götürebilirdim, biliyorsun."

Bobby başını kaldırıp önce babasına, sonra bana baktı. "Joy'u istiyorum."

"Hep birlikte kiliseye gidebiliriz," dedim çabucak ama artık çok geç. Darbe çoktan geldi. Bobby beni yine babasına tercih etti. Havayı değiştirmek için bir an önce bir şeyler yapmalıyım. Onlara birbirleri için ne anlam ifade ettiklerini ve birbirlerinden başka kimselerinin olmadığını bir şekilde hatırlatmalıyım. Bazen önemli olan tek şey budur; iki kişinin birbirinden başka kimsesinin olmaması... "Haydi, bana babanla birlikte panayıra gittiğiniz günü anlat."

"Para üstünü bana verdiği zamanı mı?" diye sordu Bobby.

Başımı salladım. "Evet, o zamanı."

Bobby babasına baktı. "O günü hatırlıyor musun, baba? Panayıra gittiğimiz günü."

Bobby'nin ona bir tek şey söylemesi yetmiş, Daniel'ın yüz ifadesi değişmişti. Gülüşü nefesimi kesiyor. "Evet, panayıra gitmiştik. Bunu hatırlamana şaşırdım."

"Beni omzunda taşımıştın."

"Meyve suyunu kafama dökmüştün."

Bunun üzerine Bobby kıkırdadı. "Annem mora boyanan yüzünle bir yaratığa benzediğini söylemişti."

Daniel'ın kadife kadar yumuşak bakışları beni derinden etkiliyor. Daha önce hiç oğluna böylesine büyük bir sevgiyle bakan bir adam görmemiştim. Bobby bu bakışları gördüğünde bu dünyada güvende olduğunu anlayacak. "Çarpışan arabalara binemeyecek kadar küçüktün."

"Sen de bana çarpışan arabaların saçmalık olduğunu söylemiştin."

"Evet. Gerçekten de öyleydi."

Yemeğin geri kalanı boyunca anılarıyla hikâyelerini paylaşıp durdular. Arabaya döndüğümüzde birbirlerine gülümsüyorlardı.

Eve dönüş yolunda radyo dinledik. Randy Travis o yumuşacık sesiyle *I'm Gonna Love You Forever and Ever* şarkısını söylüyor. Kelimeler arabanın içine yayılırken kendimi Daniel'a bakarken buldum.

Kulübeye döndüğümüzde saat neredeyse yedi olmuş. Bobby hemen televizyona koşup bir DVD koydu. *Noel Baba* filmini seçmiş.

Ben de odama yöneldim.

"Nereye gidiyorsun, Joy?" diye sordu Bobby.

"Babanla biraz baş başa kalmalısınız. Yarın görüş..."

"Hayır." Bobby babasına döndü. "Ona söyle, baba, onu da bizimle birlikte film izlemeye davet et."

Derin bir nefes alıp bekledim. Daniel'ın benden kurtulup Bobby'yle yalnız kalmak istediğini biliyorum. Zaten doğru olan da bu.

Daniel bana gülümseyip usulca, "Lütfen," dedi. "Bizimle kal."

Bu üç küçük kelimeyi kuşatan kadifemsi İrlanda aksanını duyana kadar Daniel'ın kalmamı rica etmesini bu kadar istediğimi fark etmemiştim.

"Olur," dedim, sesimin hissettiğim kadar çaresiz çıkmamış olmasını dileyerek.

Daniel ile Bobby kanepede yan yana oturdular ve ben de karşılarındaki kırmızı koltuğa kıvrıldım.

Orada oturup Bobby'nin kahkahalarını dinlerken kendi evimin ne kadar sessiz olduğunu düşündüm. Dürüst olmak gerekirse -zaten neden yalan söyleyeyim ki- evimiz, Thom beni terk etmeden uzun zaman önce sessizliğe gömülmüştü. Yani kız kardeşimle yatmaya başlamadan çok önce... Evliliğime dönüp baktığımda başından beri çok sessiz olduğu bir gerçek.

Bakersfield'da geçirdiğim o son akşam Stacey doğru bir şey söylemişti; evliliğim, Stacey bu işe bulaşmadan çok önce parçalanmaya başlamıştı.

Bobby oturduğu yerde sıçrayarak, "Noel Baba olduğu için şişmanlıyor!" diye haykırdı.

Mutluluğu bulaşıcı. Çok geçmeden Daniel ve ben de onunla birlikte kahkahalar atmaya başladık.

Film bitip de Daniel, "Yatma vakti, oğlum," dediğinde ve Bobby de gözlerini açık tutamamasına rağmen uyumamak için direnmeye başladığında gecenin sonuna geldiğimize, odama döneceğim gerçeğiyle karşı karşıya kaldığıma üzüldüm.

Daniel, Bobby'yi kucaklayıp merdivenlerden yukarı çıkardı.

"İyi geceler, Joy," diye seslendi Bobby uykulu bir sesle. "Sabah görüşürüz."

"İyi geceler, Bobby."

Aslında kalkıp odama gitmeye niyetlenmiştim. Gerçekten niyetim buydu ama nedense yerimden kımıldayamıyorum. Burada bir kedi gibi koltuğa kıvrılmış, ateşi izliyorum. Şömine rafının üzerindeki fotoğraflar dikkatimi çekti. Rafa doğru gidip fotoğrafları aldım ve İlk Çağ insanlarının eserlerinden ipuçları bulmaya çalışan bir arkeolog misali onları inceledim. Maggie kimdi ve evliliği neden bitmişti?

Daniel'ın merdivenlerden gelen ayak seslerini duyduğumdaysa aslında onu beklediğimi fark ettim.

Daniel odaya gelip ateşin önünde durdu. Turuncu ışıkla karanlık gölgelerin yarattığı karışımda yorgun ve bitkin görünüyor. Birbirimize o kadar yakın duruyoruz ki en ufak bir harekette birbirimize dokunabiliriz. "Bobby'ye tekrar aşağıya döneceğime dair söz verdim. Seninle konuşmam gerekiyor."

"Sevindim," diye yanıtlamayı başardım.

"Son zamanlarda pek konuşkan biri olduğum söylenemez." Sesi o kadar yumuşak ki onu duyabilmek için eğilmem gerekti. "Asıl komik olansa gençken Dublin'de takıldığım barlarda çenemin hiç durmaması. Yüzüm kızarıp sarhoş olana kadar konuşabilirdim."

"Bazı şeylerin, bize ait parçaların elimizden kayıp gitmesi çok tuhaf."

Daniel iç çekti. Başını sallayıp şömine rafının üstünde duran ve şimdi Noel kartpostalının arkasında kalan tek fotoğrafa uzandı. Maggie'nin genç, canlı ve çok güzel göründüğü bir fotoğraf bu.

Ne diyeceğimi ya da ne yapacağımı bilemiyorum. Daniel şu anda o kadar hassas ve kırılgan görünüyor ki konuşmaya korkuyorum.

Fotoğrafı bırakıp ateşin önüne oturdu. "Evet, Joy." Kahkahaya benzer bir ses çıkardı. "Belki sen de bana yardımcı olursun. Görünüşe bakılırsa kötü bir baba, ondan da kötü bir koca olmuşum. Noel ağacı süslemeyi bile akıl edemedim. Tek düşündüğüm Bobby'yi bu kötü anılarla dolu yerden alıp götürmekti."

"Taşınmak, parçalanan yüreğini iyileştirmeyecek." Bu bildiğim bir gerçek, bunu ilk elden öğrendim. Daniel'ın karşısındaki koltuğa oturup öne doğru eğildim ve karakterime tamamen ters bir hareket yaparak bacağına dokunma cesaretini gösterdim. "İyileşmek için sana ihtiyacı var."

Daniel kaşlarını çatıp alnını buruşturdu. "Lanet olası..."

Aniden pişman olarak geri çekildim. "Affedersin."

Daniel ayağa kalktı. "Doktor, Bobby için seninle konuşmam gerektiğini söyledi ama..."

Ayağa kalktım ve kendime engel olamayarak onun yanına gittim.

Şimdi birbirimize çok yakınız ve yüz yüze duruyoruz. Nefesinin yumuşaklığını, tişörtüne sinen odun ateşi dumanının kokusunu alıyorum. "Daniel?"

"Kendimi kahrolası bir budala gibi hissediyorum. Seninle nasıl konuşabilirim ki?"

Geri adım attım. "Affedersin, bunu yapmamalıydım..."

Neyi? Ona dokunmamalı mıydım? Hiçbir şey söylememeli miydim? Daha en başından buraya gelmem hata mıydı? Ona ne söyleyeceğimi, hangi davranışımın yanlış olduğunu bilmiyorum.

Daniel bana arkasını dönüp yüzünü şömineye çevirdi. Ateşi söndürdükten sonra lobiyi bu gecelik kapatmaya gitti.

Kapıları kapatıp perdeleri çektiğinde lobi karanlığa gömüldü. Koridorda gözden kayboldu ve sonra geri geldi.

Bana bakmasını beklerken ona ne söyleyeceğimi kararlaştırmaya çalışıyorum. Kendi ihtiyaçlarımın peşinde koşarken diğer her şeyi göz ardı eden aptalın teki olduğumu ona nasıl anlatabilirim ki? Karanlıkta yüzünü seçmeye çalıştım. Gülümsüyor mu yoksa kaşlarını mı çatmış, anlaşılmıyor.

Her yer karanlığa ve sessizliğe gömüldüğünde merdivenlere doğru gitti. Halının üstündeki sessiz adımlarını ve nefesinin ritmini duyabiliyorum. Merdivenlerde durup bir şey söylemesini bekledim ama hayal kırıklığına uğradım. Yukarı çıktı ve sonra bir kapının açılıp kapandığını duydum. Yapayalnız kaldım. Şöminenin yanında öylece kalakalmış, başka bir kadının ailesine bakıyorum.

* * *

Uçak düşüyor.

"Yanıyor... dokunma..."

"Kaç!"

Çok geç.

Havadayım, taklalar atıp çığlığı basıyorum... düşüyoruz...

Karanlık odamda çığlık atarak uyandım. Kalbim küt küt atıyor ve yüzüm allak bullak. Bacaklarımı kımıldatamıyorum.

Felç olmuşum.

Hayır. Rüya görüyordum.

Göğsüme dokunup kalp atışlarımı duyana kadar elimi tenime bastırdım. Kalbim hızlı ama düzenli atıyor.

"İyisin." Odanın karanlığında yükselen sesimin tonu beni rahatlattı. Titrek, zayıf bacaklarımla gidip pencereyi açtım. Çam kokusu yanaklarımı okşayarak beni anında etkisi altına aldı. Buradayım. Yaşıyorum.

Küçük yağmur damlaları yüzüme ve pencere pervazına çarpıp beni ferahlattı. Yavaş yavaş sakinleştiğimi hissediyorum.

Görüntüler gözümün önünden silinerek tekrar bilinçaltımın derinliklerine gidiyor.

Durup ellerimin titremesi geçene ve tekrar düzenli nefes alıp verene kadar yağmurla ve ay ışığının ışıltılı karışımını izledim.

Üst kattan gelen ayak seslerini duydum. Biri daha uyuyamamış.

Daniel bu.

Keşke yanına gidip, "Ben de uyuyamadım," diyebilseydim.

Onun yerine pencereden uzaklaşarak küçük ve boş yatağıma döndüm.

* * *

İpek kadar şeffaf ve ince bir sis tabakası pencerenin önünden geçip ilerideki ormana belirsiz bir görünüm veriyor. Sis her şeyi gölgelemiş. Altmış metrelik ağaçlar inanılmaz derecede kırılgan görünüyor. Zaman bile esnemiş sanki; günler ve geceler inanılmaz bir hızla geçiyor. Ben zamanın yavaş geçmesini istedikçe o hızlanıyor.

Bu sabah penceremden bahçeye baktığımda ağaçların arasında hareket eden gölgeler gördüm. Bobby'nin sislerin arasında annesini görmesine şaşırmıyorum. Buradaki ormanların uhrevi bir tarafı var. Ayrıca insanın görmek istediği şeyi görmesinin ne kadar kolay olduğunu da biliyorum.

Thom'un bana ihanet edip beni terk etmesinden önceki yıl mutsuz olduğunun farkındaydım. Ben de mutsuzdum ama biz de herkesin yaptığını yapmıştık; gözlerimizi kapatıp durumu görmezden gelmiştik.

Stacey'ye sıkıntılarımızdan bahsettiğini biliyordum.

Yalnızca bakmak yerine gerçekten *görseydim* böyle bir sonla karşılaşmak beni bu kadar şaşırtmayacaktı.

Yeni yıl için böyle bir karar aldım. Kendime karşı dürüst olacak, gözlerimi açacağım. Görmek istediğimi değil, orada gerçekten ne olduğunu göreceğim.

Duşa girdikten sonra kendi kıyafetlerimi giyip fotoğraf makinemi aldım.

Kahverengi gölgelere bürünen lobi sessiz.

Soğuk ve karanlık şöminenin önünden geçtim.

Daniel'ın arabası yerinde yok. Evin neden bu kadar sessiz olduğu belli.

Huzur...

Buradaki sessizlik huzur verici. Geçen yıl boyunca suskunluğun, çığlık atmadan önce alınan derin bir nefesten farksız olduğu evimdeki sessizliğe hiç benzemiyor.

Sessizlik ve sis, dışarı çıkmamı sağladı. Bahçede durup önümdeki gümüş rengi gölü izledim. Sislerin arasından iskele, gri dalgalara karşı neredeyse şeffaf, kömür karası bir çizgi gibi görünüyor.

Bu manzaranın bir fotoğrafını çekmeliyim. Hatta birkaç fotoğraf çekmeliyim.

Fotoğraf makinesini göz hizama kaldırıp o bulanık dünyaya odaklandım. Ancak birkaç poz çektikten sonra ne kadar üşüdüğümün farkına vararak hayal kırıklığı içinde sıcak eve döndüm. Fakat o sedefi andıran sisin içinde yürümek istiyorum.

Paltolardan birini ödünç alabilirim.

Neden olmasın? Buraya kaydımı yaptırdım ve yemeklerini yiyorum. Kendimi evimde gibi hissediyorum. Üstelik evde yoklar. Bir ceketi bir iki saatliğine giymeme ikisi de ses çıkarmaz.

Biraz aramam gerekse de sonunda arka kapının yanında bir portmanto buldum. Paltolar, hırkalar, sarı yağmurluklar iç içe girmiş. Bol, güzel örgüleri olan, açık mavi, balıkçı yakalı bir kazak bulup giydim. Üzerime biraz büyük geldi ama ısındım.

Günün geri kalanında cennetin bu büyüleyici köşesini keşfedip göle vuran güneş ışınları, kanat çırpan bir kuğu, çiy damlalarının bir gerdanlığa dönüştürdüğü örümcek ağları gibi manzaraların on yedi tane fotoğrafını çektim. Öğle vakti geldiğindeyse bu fotoğrafları çerçevelettikten sonra nerede sergileyeceğimi gözümde canlandırmaya başladım.

Sanırım oturma odamdaki kanepenin üstüne yerleştirebilirim. Böylece gerçek hayatımın her gününde o fotoğraflara bakıp atıldığım macerayı hatırlayabilirim. Sonunda saat iki civarı açlık beni tekrar eve çekti.

Arabanın yanaştığını duyduğumda sandviçimi bitirmek üzereydim. Hemen ortalığı toparlayıp onları karşılamak için oturma odasına koştum. Çok saçma ya da aptalca olabilir ama umurumda değil. Bugün onları özledim.

Bobby hızla içeri daldı. "Joy!"

İsmimi söyleyiş tarzı hoşuma gidiyor; sanırım o da gün boyunca beni özlemiş. "Selam, Bobby," dedim gözlerim Daniel'ı ararken. Bir dakika sonraysa nefesimi kesen yakışıklılığıyla içeri girdi.

Bobby koşarak yanıma geldi. "Bu akşam kumsal gecesi."

"On beş dakika içinde çıkmalıyız," dedi Daniel. "Acele etsen iyi olur."

Daniel bana bakınca içim ürperdi. "Ben de mi davetliyim?"

Bobby kıkırdadı. "Tabii ki!"

"Paltonuzu giyin," dedi Daniel ikimize birden. "Hava soğuk."

Daniel'ın fikrini değiştirmesi ihtimaline karşı hızlı hareket etmeye karar verdim. İlk randevusuna çıkan bir kız gibi odama koşup örgülü kazağı tekrar aldım. Beni üşütmeyeceği kesin.

İki dakika sonra Bobby'yle birlikte lobideyim.

Daniel, "Dişlerini fırçaladın mı?" diye sordu oğluna.

İkimiz aynı anda, "Evet," diye yanıtladık.

Kahkahamız Daniel'ı gülümsetti ve bu görüntü çok hoşuma gitti. Gülümsediğinde on yaş gençleşerek Dublin barlarından çıkmayan o serseriyi görmemi sağladı. "Haydi, o zaman!" dedi ve bir sırt çantasını omzuna atıp evden çıktı. Bobby ve ben onun peşinden giderken hâlâ kahkahalar atıyoruz. Yıllardır ilk kez kendimi bu kadar özgür hissediyor ve bu insanlarla bu yerin beni nasıl bu kadar etkileyebildiğini merak etmeye başlıyorum. Burada onlarla birlikteyken hep olmayı hayal ettiğim kişiye dönüştüğümü, gençleştiğimi görüyorum. Özgür ruhlu, sevgi dolu, kaygısız anneme giderek daha çok benzemeye başladım. O tozlu ve kupkuru Bakersfield kasabasında yavaş yavaş ölen bir çiçektim, bu ıslak ve puslu, yemyeşil bölgedeyse çiçek açtığımı hissediyorum.

Arabaya bindiğimizde radyoyu açarak Bruce Springsteen'e eşlik ettik. "Baby, I was born to run[2]," sözleri ansızın duyduğum en anlamlı şarkı sözlerine dönüştü. Şarkı bittiğinde eski ve esintili bir çift şeritli yola çıktık. Kilometreler boyunca ağaçlarla çevrili yollardan geçtik ve sonra bu koca ormanda düzlük bir alana ulaştık. Yolun diğer tarafındaki ağaçlar kesilmiş, geriye yalnızca küçük fidanlarla ağaçlandırma ve düzenleme çalışmalarından bahseden tabelalar kaldı.

"Çok üzücü," dedim. "Yeni ağaçlar eskilerinden farksızmış gibi..."

Bobby başını kaldırıp bana baktı. "Ne demek istedin?"

---

2   (İng.) Bebeğim, ben kaçmak için doğmuşum. (ç. n.)

"Sen dünyanın en eski orman bölgelerinden birinde yaşıyorsun. İki yüz yıllık ağaçları kesmek suçtur."

"Hapse mi atılacaklar?" diye sordu Bobby.

Daniel sinyal verip arabayı yavaşlattı ve "Kim?" diye sordu.

"Yaşlı ağaçları kesen ormancılar."

Daniel başka bir yola saparken kaşlarını çatarak, "Ah, hayır," diye yanıtladı.

"Gerçek anlamda suç değil," dedim. "Üzücü bir durum."

Bobby çok ciddi ve önemli bir karar almış gibi, "Büyüyünce yaşlı ağaçları koruyacağım," dedi.

"Bu konuya nereden geldik?" diye sordu Daniel.

Tam ona yanıt verecekken bir köşeden dönüp arabayı park ettik.

İşte orada, tam önümüzde: Pasifik Okyanusu...

Gürleyen uçsuz bucaksız masmavi sular ve gri gökyüzü, benim aşina olduğum kumlu, iri dalgalı ve her elli metrede bir, bir voleybol ağına rastlayacağınız Güney California kıyılarından çok farklı.

Burada kumsal da orman kadar vahşi ve el değmemiş. Araba çok yakında olmamasına rağmen kıyıya vuran dalgaların sesi bir aslanın kükremesini andırıyor.

"Vay canına!" dedim arkama yaslanarak.

"Babam eskiden kumsal gecelerine de katılmazdı," dedi Bobby. "Annem ve ben her salı akşamı beyzboldan sonra buraya gelirdik."

"Burada olmaktan memnunum," dedi Daniel. Sesinin efkârdan mı pişmanlıktan mı yoksa eski karısına duyduğu özlemden mi böyle çıktığını anlayamıyorum. "Peki ya senin Joy'un ne diyor bakalım? Kumsalı sever miymiş?"

Bobby bana döndü. "Ne diyorsun, Joy?"

Daniel'a bakıp, "Kumsalı severim," dedim.

Bobby oturduğu yerden sıçrayarak, "Biliyordum," dedi. "Kumsalı seviyor."

İçimin ferahladığını hissediyorum. Bunu başka nasıl ifade edebilirim, bilmiyorum. Daniel sırt çantasını alıp Bobby'nin arabadan inmesine yardım etti ve çocuk hemen kumsalda koşmaya başladı.

"Suya fazla yaklaşma, oğlum," diye seslendi Daniel.

Ben de Daniel'ın yanına gittim.

Kumsal çok güzel. Güneş tüm sıcaklığıyla açık mavi gökyüzünden bize bakıyor ve altın rengi ışınları dalgaların üstüne düşüyor. Daha önce hiçbir kumsalda bu kadar çok ağaç dalı görmemiştim ve dalların hepsi de birbirinden farklı. Gümüş rengi kütükler ve beyaza dönmüş kütük parçaları karmakarışık bir yığın oluşturmuş. Birçoğu otuz metreden uzun. Yol boyunca gördüğümüz ağaçlar rüzgârın etkisiyle şekil almış. Devasa bonsai ağaçlarını andırıyorlar.

Bobby tekrar yanımıza koşarken, "Baba, uçurtmam nerede?" diye seslendi.

Daniel, "Bir saniye," dedikten sonra ateş yakmak için eğildi. Küçük odun ve kâğıt yığını birkaç dakika içinde tutuştu. Ateşin yanındaki bir kütüğe oturup Daniel'ın oğluna uçurtma uçurmayı öğretmesini izledim. Bobby öğrenene kadar neredeyse akşam oldu. Turuncu bulutlar, gece mavisi gökyüzünde süzülüyor.

"Bak, baba! Bak, Joy! Uçurabiliyorum!"

"Aferin sana. Daha hızlı koş," dedi Daniel gülerek yanıma otururken. O kadar yakınız ki sıcaklığını hissedebiliyorum.

"Keşke fotoğraf makinemi getirseydim," dedim.

Bobby uçurtmayı peşinden sürükleyerek bize doğru koştu ve durduğunda uçurtma da kumların üstüne düştü. "Beni gördün mü?"

"Elbette," dedim. "Bu kadar güzel uçurtma uçuran birini hiç görmemiştim."

Gülüşü öyle ışıltılı ki koyu renk gözleri aydınlandı. Kumların üstünde yanımıza çöktü. Ama sonra gülümsemesi yavaş yavaş kayboldu.

Aramızdaki sessizliği bozan tek şey ateşin çıtırtısı ve dalgaların uğultusu.

"Aklından bir şey mi geçiyor, oğlum?" diye sordu Daniel.

Bobby ayağını kumlara vurduktan sonra bize baktı. "Boston'da nasıl kumsal gecesi düzenleyeceğiz?"

"Ah! Demek bunu, yani taşınmamızı düşünüyordun."

Bobby bana bir bakış attı ve ben de ona cesaret veren bir bakışla karşılık verdim. Sonunda derin bir nefes alıp, "Ben burada kalmak istiyorum, baba," dedi.

"Biliyorum, Bobby."

"Burada yaşamayı sen istemiştin."

"Evet. O zamanlar her şey farklıydı."

Hayatlarının nasıl değiştiğini hatırlayarak sessizliğe gömüldüler. Uzun bir sessizliğin ardından Bobby, "Joy'a burayı nasıl bulduğunu anlat, haydi," dedi.

Daniel'ın nefesi karanlığı geçip bana ulaştı. O hikâyeyi anlatmak istemediğinden eminim. Daniel öne eğilip dirseklerini bacaklarına yasladı. Gölgeler ve ateşten yayılan ışık yüzüne yansıyor. "Boston'da büyükannenle büyükbabanın evinin iki kapı ötesinde yaşıyorduk. Annen Macy's'in kozmetik bölümünde çalışıyor, bense günlerimi -ve çoğu gecemi- Beekman Binası'nın on üçüncü katında geçiriyordum. Eskiden devasa ağaçlarla balık dolu göllerin hayalini kurardım. En çok da birbirimizden uzak olmak yerine sürekli birlikte olduğumuzu hayal ederdim. Günün birinde Washington Eyaleti'ndeki bu satılık yazlık ev ilanını gördüm. İflas etmiş bir pansiyondu."

"Sonra onu aldık. Aynen öyle," dedi Bobby. "Hem de onu hiç görmeden..."

"Evet," dedi Daniel ve şimdi sesinin o günlere duyduğu özlemin etkisiyle böyle çıktığını anladım. "Hayalimizi gerçekleştirmiştik, değil mi?"

"Evet."

Ardından gelen sessizlikte birbirlerinden ne kadar uzaklaştıklarını düşündüklerini biliyorum. Bense sadece ne kadar yakınlaştıklarını görüyorum. Orta yerde buluşmaları için ikisinden birinin küçük bir adım atması yeterli.

Daniel'a bakmak için döndüm. Birbirimize çok yakınız. Tenine ve saçlarına yapışan küçük kum tanelerini ve külleri görebiliyorum. Yeşil gözleri cesaretimi kıran bir yoğunlukla bana bakıyor. Arkamda duran Bobby'nin bizi izlediğinin farkındayım. "Buraya neden âşık olduğunuzu anlıyorum. Büyüleyici bir yer."

"Annem de böyle derdi." Bobby'nin sesindeki hüznü fark ettim. *"Neden?"* diye sordu ansızın. "Neden taşınmak zorundayız?"

Daniel yanıtı etinde ve kemiğinde bulacakmış gibi gözlerini ellerine dikti. "Senin için her şeyin en iyisini istiyorum, Bobby."

"Ama benim için en iyisi burası."

Daniel oğluna baktı. "O kulübeyi tek başıma nasıl ayakta tutarım? Ne balık avlamaktan anlarım ne de pişirmekten."

Benim yanıtlayabileceğim bir soru bu. "Bu işi öğrenebileceğin kitaplar var. Ben birçoğunu okudum. Beni yerel kütüphaneye götürürsen onları bulmana yardımcı olurum."

"Annem bana senin akıllı bir adam olduğunu söylemişti," dedi Bobby onu suçlarcasına.

Daniel bu sözler karşısında güldü. "Ben de öyle olduğumu düşünürdüm."

"O zaman *öğren,*" dedi Bobby.

"Bak ne diyeceğim," diye karşılık verdi Daniel sonunda. "Eğer sen buradan gitmeyi düşünürsen ben de burada kalmayı düşünebilirim."

Baba oğul birbirlerine bakarken batan güneşle sönmeye yüz tutmuş ateşin ışığında birbirlerine ne kadar çok benzediklerini fark ederek hayret ettim.

"Tamam," dedi Bobby ciddiyetle.

"Tamam," diye ona katıldı Daniel da. "Şimdi güneş bizi terk etmeden sosis ve marşmelov kızartmaya ne dersiniz?"

Güneşin gökyüzünü yavaş yavaş terk edip yıldızların karanlık gökyüzüne doluştuğu bir sonraki saatte sosis ve marşmelov kızartıp karanlık kıyıda yürüdük. Öğle yemeğini fazla kaçırdığım için henüz acıkmadım ama iştahımın olmaması beni ateşin keyfine varmaktan alıkoymadı. Ateşin arkasındaki kütüğe yerleştirdiğimiz pilli radyoda güzel şarkılar birbiri ardına çalıyor. Arada bir biz de şarkılara eşlik ediyoruz. Daniel'ın sesi öyle saf ve pürüzsüz ki bazen eşlik etmekte zorlanıyorum. Toparlanıp gitmeye hazırlanırken *The Way You Look Tonight* şarkısı başlıyor.

Daniel şarkıya eşlik ederken sesinin sert tonundan şarkının onun için bir anlam taşıdığını anladım.

"Eskiden hep bu şarkıyı söylerdin," dedi Bobby.

"Evet."

"Haydi, Joy'la dans et."

Şaşkınlıktan nefesim kesildi.

Daniel bana bakmamaya özen göstererek, "Sanmıyorum," dedi.

"Lütfeeen," dedi Bobby bize bakarak. "Benim için de mi etmezsin?"

Ben sönmek üzere olan ateşin yaydığı aydınlıktan uzakta, karanlıkta duruyorum ve Daniel da karşımda. Yüzünde gölgeler ve turuncu ışığın yansıması var. Gözlerini görmüyorum ama gülümsemediğini biliyorum.

Bobby beni işaret ederek, "İşte orada, baba," dedi. Görünmemi engelleyecek kadar karanlık olmadığını biliyorum. "Sorun değil," demek istiyorum ama kelimeler ağzımdan çıkmıyor. Daniel elini uzatarak bana yaklaştı.

Ben de elini tutup kendimi onun kollarına bıraktım. Dokunuşunun sıcaklığıyla iç çektim ama o sesi hemen geri almak istedim. Bu karanlıkta çok yüksek ve gür çıkmıştı.

Birlikte beceriksizce salınmaya başladık. O da benim gibi uzun zamandır dans etmemiş olabilir mi? "Pek iyi dans edebildiğimi söyleyemem," dedim açıklama yaparcasına. Aslında bu yetersiz bir açıklama. Thom dans etmekten hep kaçardı.

Daniel'ın gözlerini üzerimde hissediyorum. Gergin bir kahkaha eşliğinde, "Ayaklarını göremiyorum ama bahse girerim ki her an üstüne basabilirim," dedi.

Onun kollarında kendimi genç ve güvende hissettim. Müziğin ritmine çabuk ayak uyduruyor, yıllardır dans ediyormuşuz gibi uyumla sallanmaya başlıyoruz.

Sağ tarafımıza doğru bir yıldız tepemizden beyaz bir çizgi çizerek kaydı ve Daniel, "Bir dilek tut," diye fısıldadı.

Yanıtım *sen* ama bu biraz garip kaçar. Şu anda bana gülmesini kaldırabilecek durumda olmadığım için, "Yeni bir başlangıç yapmak istiyorum," dedim.

Müzik bitti ve Daniel beni bıraktı. Ona dokunmamak için elimden geleni yaptım. Bütün gece bu anı, dokunuşunu düşüneceğimi biliyorum.

Arkamızda duran Bobby radyoyu kapatarak bizi gerçek dünyaya geri döndürdü. Şimdi yalnızca dalgaların uğultusunu ve ateşin çıtırtısını duyuyoruz. "Ben de bir dilek tuttum, baba. Ya sen?"

Daniel yanıt vermeden önce uzunca bir süre bekledi. Yanıt verirken bana baktı. "Yeni bir başlangıç yapmak hiç fena olmaz."

Daniel'a baktım. Gözlerimi ondan alamıyor, *ya olursa*, diye düşünmeden edemiyorum.

Ya yeniden âşık olabilirsem ve hayatımı yeniden yaşayabilirsem? Ya kendimi buraya ait hissedebilirsem?

"Haydi bakalım, artık gitme vakti," diyor sonunda. "Işığımız da söndü."

Bu sözler üzerine şöyle düşündüm: *Söndü mü? Işığımızı mı kaybettik, yoksa o ışık az önce bize ilk kez göz mü kırptı?* Tek bildiğim, bu adam ve oğluyla birlikte arabaya binerken gülümsediğim.

Ansızın yıllardır neyi beklediğimi, başka yerlerle ilgili resimleri, kitapları, broşürleri neden biriktirdiğimi anladım.

Yeni bir başlangıç yapmanın hayalini kuruyorum.

Ve artık hayatımın bu yeni kısmına başlarken nerede olmak istediğimi biliyorum.

Gece boyunca yatağımda uzanırken Daniel'ı düşündüm. Dans edişimizi tekrar tekrar gözümde canlandırdım. Bana bakışını, dokunuşunu, "Bir dilek tut," diye fısıldayışını... Gece şafak vaktine doğru ilerlerken ışıltılı hayaller kurmaya devam ettim.

Uyandığımda bir gürültü duydum.

Merdivenlerden ayak sesleri geliyor.

Daniel... Ayak seslerinden anladım.

Üzerimdeki örtüyü atıp yataktan kalktım ve çabucak banyoya gidip giyindim. Sonra dikkatlice kapıdan dışarıya baktım.

Lobinin lambası yanıyor.

Halı döşeli koridordan sessizce geçtim. Lobide kimse yok. Kapının açık olduğunu bir süre sonra fark edebildim.

Mor renkli bir sis perdesiyle örtülü sabahın o erken saatinde Daniel'ın ön bahçede durduğunu gördüm. Bu kez hiç duraksamadım. Baştan başlıyorum; bu benim başlangıç noktam.

Tam Daniel'ın yanına gelmişken iskelenin sonunda duran Bobby'yi gördüm. Kendi kendine konuşuyor. Bu mesafeden bile ağlayıp bağırdığını duyabiliyorum.

Daniel bir ses çıkardı. Böylesine puslu bir sabahta o ses bozulup hıçkırığa benzer bir şeye dönüştü.

Koluna dokunarak, "Ben yanındayım," dedim.

Dokunuşumla ürperse de bana bakmadı. "Tanrım... bu daha ne kadar böyle devam edecek?"

Gerçek hem sonsuza dek hem de fazla uzun sürmeyecek. "Onunla konuşmaya ihtiyacı kalmayana dek devam edecek."

Orada öylece yan yana durduk. İskeledeki Bobby annesine sesleniyor.

"Düzelecek," dedim alçak sesle. "Onu seven bir babası var. Babam yanımda olsaydı bana iyi gelirdi, eminim. Yani annem öldüğünde... Benimse kız kardeşimden başka kimsem yoktu."

Aniden aklıma annemin cenazesi ve ne kadar üzüldüğüm geldi. Stacey sayesinde toparlanmıştım. Annemin hastalığı boyunca tek dayanağım oydu.

Stacey...

İlk kez onu düşündüğümde irkilmedim. Artık anılar canımı yakmıyor, aksine özlem duyuyorum. Kız kardeşimi özledim. Kaçtığım gerçeklerden biri de bu.

Bobby bize doğru geldi.

Daniel hemen onun önünde diz çöktü. "Buradayım, oğlum."

Bobby durdu. Gözyaşları yanaklarını ıslatmış, gözleri kızarmış. "Gelmedi. Ona seslendim, seslendim ama gelmedi."

"Ah, Bobby..." dedi Daniel oğlunun gözyaşlarını silerken. Onu rahatlatmak için doğru kelimeleri aradığını görebiliyorum. Bobby'nin annesinin hayalini bırakması gerektiğini ikimiz de biliyoruz ama bırakmak da ona acı verecek.

Daniel, Bobby'yi kollarına alıp onu sıkıca sardı ve anlamadığım bir dilde ninniye benzer bir şarkı söylemeye başladı.

Bobby babasına bakarak, "Ama korkuyorum," dedi.

"Neden?"

"Onu unutmaktan," diye karşılık verdi Bobby kısık, acınası bir ses tonuyla.

Daniel bir an için gözlerini kapattığında oğlunun itirafının onu ne kadar üzdüğünü anladım. Gözlerini açtığındaysa gözyaşlarının ışıldadığını gördüm. "Bunu uzun zaman önce yapmalıydım," dedi.

"Neyi?"

Daniel, Bobby'yi kucaklayıp eve götürdü ve onu koltuğa bırakıp, "Burada bekle," dedi. Ardından merdivenleri koşarak çıktı.

Islak yanakları ve eksik dişleriyle Bobby oturduğu yerde çok küçük görünüyor. "Yanlış bir şey mi yaptım?" diye sordu bana.

Ben de onun karşısındaki şöminenin önüne oturdum. Yanına oturmadım çünkü beni duymasını, dinlemesini istiyorum. "Bana ondan bahset."

"Annemden mi?" Bobby'nin sesi boğuldu ama gülümsemek istediğinin farkındayım. Birinin ona bu soruyu sormasını ne kadar zamandır beklediğini merak ettim.

"Pembeyi severdi. Gerçekten çok hızlı konuşurdu."

Bu sözler beni gülümsetti. Bu bana, gülerken hırıltılı sesler çıkaran annemi hatırlattı. Ben küçükken bir keresinde süt içerken öyle şiddetli bir kahkaha atmıştı ki süt burnundan gelmişti. Şu ana dek unuttuğumu sandığım bir anıydı bu. "Annem ateşimin olup olmadığını anlamak için beni alnımdan öperdi. Bu da benim çok hoşuma giderdi."

"Annem süslendiğinde saçına kelebek takardı."

Öne doğru eğildim. "Onu unutmayacaksın, Bobby. İnan bana."

"Sen de beni bırakacaksın, değil mi? Tıpkı onun gibi…"

Bu soruya yanıt vermek ve sesindeki hüznü dindirmek çok zor. Ona herhangi bir söz vermemem gerektiğini biliyorum. Şu anda hayatım altüst olmuş durumda ve istediğim her şey ellerimden kayıp gidebilir ama hiçbir şey söylemeden öylece oturamam. "California'da bir hayatım var."

"Vedalaşmadan, öylece çekip gitmeyeceksin ama değil mi?"

Hayatım karmakarışık bir halde olabilir ama bu sorunun yanıtı basit: Vedalaşmadan gitmeyeceğim. "Söz veriyorum."

Daniel büyük, kahverengi bir albüm ve bir ayakkabı kutusuyla merdivenlerden indi.

Ayağa kalktığımda bacaklarımın uyuştuğunu fark ettim. Bu çok özel bir an. Bense buraya ait değilim. "Gitsem iyi olacak. Ben..."

"Gitme," dedi Bobby. "Söyle ona, baba. Joy'a kalmasını söyle."

Daniel, Bobby'yi kendine çekerken, "Lütfen, Joy, gitme," dedi.

Beni kapana kıstıran, Daniel'ın *lütfen* kelimesini söyleyiş tarzı oldu. Bir de Bobby'nin şu an ne kadar hassas olduğunu biliyor olmam... Uyduruk sehpanın yanından geçip Daniel'ın yanına oturdum.

"Ona yer aç, baba."

Daniel oğluna doğru kaydı.

"Yeterince yerim var," dedim.

Bobby babasına baktı. "Joy, annemle ilgili şeyleri hep hatırlayacağımı söylüyor. Saçına taktığı kelebek tokalar, uyurken verdiği öpücükler gibi şeyleri..."

Daniel sert bir sesle, "Öpücükler," dedi. Onun da eski karısını hatırladığını biliyorum.

"Winnie the Pooh çizgi filmindeki şarkıların sözlerini hep yanlış söylerdi." Bobby'nin sesi şimdi daha güçlü, daha net çıkıyor.

"Gece duaları hiç bitmezdi," dedi Daniel gülümseyerek. "Tanıdığı herkes için dua ederdi." Sonra Bobby'ye baktı. "Ve seni çok severdi."

"Seni de."

"Evet."

Daniel kucağındaki albümü açtı. Albümde bir dizi siyah beyaz fotoğraf var; pis sokaklarda tenekeye vurmaca oynayan, paslı bisikletini süren, uçurtmasıyla birlikte bir taş yığının yanında duran bir çocuğun fotoğrafları bunlar. Çocuğun, kesilme vakti gelmiş simsiyah saçları var. *Daniel.*

Başka bir fotoğrafta yine pis bir sokak ve Pig-and-Whistle adlı bir bar görünüyor.

Bobby barın tahta kapısının önünde duran çifti işaret ederek, "Bunlar büyükannemle büyükbabam," dedi. "Şimdi Boston'da yaşıyorlar."

Daniel sayfayı çevirirken, "Hâlâ barlara takılarak vakit öldürüyorlar," dedi gülerek.

Maggie.

Duvakla örtülü yüzü bize dönük. Çok genç, neşeli ve çok da mutlu görünüyor. Gülümsemesi Staples Center'ı[3] aydınlatmaya yeter.

Elimde olmadan, üst kattaki kitaplıkta kayıp yılların tozunu üzerinde toplayan kendi düğün albümümü düşünüyorum. Genç halimi tanıyabilir miyim, yoksa kendi hayatımı yansıtan fotoğraflara nesli tükenmiş bir ırkı inceleyen bir arkeolog gibi mi bakarım, bilmiyorum.

Peki ya Stacey? Onun düğününden, o büyük günden kaçabilir miyim? Birbirimizin hayatına her zaman tanık olmuştuk. Ailenin anlamı bu değil midir? Kırılmış, ihanete uğramış, yaralanmış da olsak aramızda bir bağ var.

Düşünceleri bir kenara itip Daniel'ın albümündeki fotoğraflara odaklandım.

Sonraki birkaç sayfada düzinelerce düğün fotoğrafı var. Daniel hiç yorum yapmadan sayfaları çeviriyor. Bu fotoğrafların sonuna geldiğinde rahat bir nefes aldığını duydum.

Bobby arka sayfada kendini görünce, "Ben de varım," diyerek pembe suratlı minik bebeği işaret etti.

"Evet. Seni hastaneden eve getirdiğimiz gün."

"Ama annem ağlıyor."

"Seni çok sevdiği için."

Sonrasında Daniel bir yandan sayfaları çevirirken bir yandan da o melodik aksanıyla ailelerine dair hikâyeler anlattı. Geçen her dakikayla, şarkı sözlerini andıran her sesle birlikte

---

3 Los Angeles'ın en büyük spor merkezi. (ç. n.)

o kırık kalpli çocuk ve onu çok seven babasının birbirlerine nasıl yaklaştığını izledim.

"Bu senin ilk arkadaşın, kuzenin Sean... İlk doğum günü partin... 'Anne' dediğin gün."

Sayfaları çevirdikçe Daniel'ın çok az fotoğrafının olduğunu ve Maggie'yle birlikte çekildikleri fotoğrafların olmadığını fark ettim. Albümün tamamında Bobby var.

Böyle şeylerin nasıl olduğunu bilirim. Aniden değil, yavaş yavaş olur. Mutsuz bir yaşamın her dakikasını kaydetmek istemezsiniz artık. Bakersfield'da benim de benzer albümlerle doldurduğum bir çekmecem var. Eski albümler Thom ve benim gençlik hallerimizle, yenileriyse daha çok manzara resimleriyle dolu.

Daniel son sayfaya geldiğinde Bobby uykuya dalarak babasına iyice sokuldu. Daniel usulca, "Joy?" dedi.

İsmimi alçak sesle söyleyip iç çekti ve gülümsedi.

"Efendim?" dedim devamını getirmesi için.

O bir şey söylemeyince cesaretimi topladım. Ona doğru eğilip, "Belki sen ve ben..." diye söze başladıysam da nasıl bitireceğimi, ne istediğimi nasıl ifade edeceğimi bilemedim. Ama bir önemi yok. Zaten yeterince ileri giderek düşüncemi belli ettim. Daniel başını iki yana sallayarak benden uzaklaştı.

Bana bakmadan, "Aklımı kaçırıyorum," dedikten sonra kanepeden kalkıp Bobby'yi üst kata çıkardı.

Kaybettiği karısının fotoğraflarıyla dolu albüm aramızda dururken "sen ve ben" deme cesaretini nasıl gösterebildim?

Her zamanki gibi zamanlama konusunda harikayım.

Bir kez daha yalnız kaldım.

* * *

Tekrar uyumaya çalıştıysam da şafak söktüğünde daha fazla uğraşmamaya karar verdim. Saat yedi civarı pes ederek duş aldım. Mutfakta kahve olup olmadığına bakarken önce merdivenlerden, sonra da koridordan gelen ayak seslerini duydum ve dönüp bakınca Daniel'ın mutfağa geldiğini gördüm. Yorgun ve bitkin bir hali var. Gözlerinin etrafındaki çizgiler öylesine derin ve siyah ki kömürle boyanmış gibi duruyor.

Önce bana, sonra kahve makinesine bakarak gülümsedi. "Ah, kahve..."

"Sanırım ortak bir bağımlılığımız var. Bir de yeni bir başlangıç yapmak istiyoruz." Kelimeler dudaklarımın arasından dökülür dökülmez onları geri almak istedim. Kelimelerden daha kötü olansa sesimdi; Marilyn Monroe tarzı, derinden gelen bir ses tonuyla konuşmuştum.

Daniel bir süre bana baktıktan sonra mutfaktan çıktı.

Kendimi aptal gibi hissederek öylece kalakaldım. Daniel'a ne desem yanlış oluyor.

Bu çok da şaşırtıcı değil. Aslında ilişkiler konusunda pek deneyimli biri olduğum söylenemez. Lisedeyken Jed Breen, mezuniyetten sonraki yaz da Jerry Wist vardı, o kadar. Thom'la Davis'teki ikinci yılımda düzenlenen bir partide tanışmıştım ve boşandığımızdan beri de kimseyle çıkmadım.

Kahvemi yudumlayarak mutfaktan çıktım.

Bobby beni bekliyormuş gibi yanıma koştu. "Bana biraz daha okuma öğret."

"Elbette."

Beni kanepeye doğru sürükledi ve saatlerce orada oturup kitap okuduk. Ona övgüler düzüp cesaret verirken kulağım iskeleden gelecek ayak seslerindeydi. Daniel'la dansımızı düşünüp durdum. *Bir dilek tut. Yeni bir başlangıç yapmak...*

"Joy," dedi Bobby. "JOY."

Gözlerimi kırpıştırarak kendime geldim. "Affedersin, Bobby." Hoşlandığı çocuğu düşünüp duran ergen kızlar gibiyim. Bu düşünce beni gülümsetti. Kim derdi ki...

"Bu kelime nasıl okunur?"

Dikkatimi tekrar kucağımda açık halde duran kitaba verdim. Bu, *Pinokyo*'nun Disney versiyonu ve Bobby de gerçek bir insan olmaya can atan tahta çocuğun hikâyesini okumaya çok hevesli. Bugün ikinci kez okuyoruz. "G... E... R... Ç... E... K. Gerçek."

Bobby başını kaldırıp bana baktı. "Keşke Mavi Peri, Freddy'yi de gerçeğe dönüştürse."

Mavi Peri gerçekten var olsaydı Freddy muhtemelen dizlerine kadar yoncaya batardı. Seyrelmiş tüyleri ve gevşek düğme gözleriyle o içi dolgulu kuzunun ne kadar sevildiği ortada.

Arkamızdaki kapı açıldı.

Bobby kitabı kapattı. Daniel'a nasıl okuduğunu göstererek onu şaşırtmak istiyor.

Daniel testere tozu ve yağmur damlalarıyla kaplı gömleği ve yeleğiyle lobiye girdi. Islak toprak yüzünden suratı griye boyanmış. Gülümsediğinde dişleri bembeyaz görünüyor. "Selam." Ceketini çıkarıp sandalyenin arkasına asarak televizyonu açtı. "Daha fazla çalışmamın bir anlamı yok. Fırtına yaklaşıyor."

"Fırtına mı?" Bobby korkmuştu.

"Endişelenme, oğlum. Ben seni korurum."

Bobby bana sokulup sızlandı. "Ben fırtınalardan nefret ediyorum."

Lobinin ne kadar karanlık olduğunu ilk kez fark ettim. Dışarıda kömür karası bulutlar gökyüzünü kaplamış. Gölün ve çimenlerin üstüne gölgeler düşmüş.

"Haberleri açar mısın, Bobby?" dedi Daniel eğilip çizmelerinin bağcıklarını çözerken. "Hemen dönerim." Sonra üst kata çıktı.

Bobby uzaktan kumandaya uzanıp açma düğmesine bastı. Güm sesinin ardından ekranda bir görüntü belirdi.

Bobby dışarıda kararan havaya göz atarak, "Haberlerden nefret ediyorum," diye mırıldandı.

Ekrandaki güzel, sarışın kadın Seattle'ın merkezinde çıkan büyük çaplı yangını anlattıktan sonra yerel haberlere geçti. Birkaç hırsızlık olayı yaşanmış. Hoquiam'da bir araba, bir liseden de maskot çalınmış.

Noel için süslenen birkaç ev gösterildi ve hatta insanların gidip görmesi için evlerin adresleri yayınlandı.

Biz Güney California'da daha farklı gösteriler yaparız.

Dışarıda gök gürüldeyip şimşek çaktı.

Bobby bağırınca ona uzanıp, "Endişelenme, ben..." diye söze başladım.

Fakat sonra *uçak kazası* sözlerini duydum. "Televizyonu kapat, kanalı değiştir!" demek istiyorum ama konuşamıyorum. Onun yerine ayağa kalkıp öne doğru bir adım attım. "...buradan yaklaşık on kilometre kuzeyde. Daha önce de belirtildiği gibi uçaktaki on bir yolcu cuma akşamı itfaiyeciler tarafından kurtarılıp yerel hastanelere götürülmüştü."

O sırada ehliyetimdeki fotoğraf ekranı kapladı.

Muhabir bir kayıp haberi değil de ton balıklı güveç tarifi veriyormuş gibi, "Bakersfield, California'dan Joy Faith Candellaro," dedi. "Uçuşun koordinatörü Riegert Milosovich geçirdiği ameliyatın ardından kendine geldiğinde yetkililere son anda bilet alan ve patlama sırasında uçakta bulunan bu kadından bahsetti..."

"Gök gürültüsü bitti mi?" diye sordu Bobby gergin bir ifadeyle.

"Bir dakika, Bobby." Parazitler kafamın içinde uğuldayarak yayını duymamı engelliyor. Kelimeleri anlamaya çalışırken ekrandaki görüntü değişti ve nefesim kesildi.

Bu Stacey. Küçük garajının önünde durmuş, ağlıyor. Ona geçen doğum gününde aldığım sarı eşofman takımının içinde çok yorgun görünüyor, yüzünde renk kalmamış. "Bize dönmesi için dua ediyoruz." Thom'a bakıyor. O da şaşırtıcı derecede sarsılmış görünüyor. Yoksa ağlıyor mu? "Mucizeler mevsimindeyiz, değil mi?" diyor Stacey, muhabire.

Bobby kız kardeşimi işaret ederek, "Bu kadın sana benziyor," dedi.

"Gerçekten mi?" dedim kayıtsızca. Bunu hayatım boyunca duymuştum. İrlandalı ikizlerdik biz... Aralarında yalnızca bir yaş olan ve birbirlerinden ayrılmayan iki kız kardeş...

"Çok üzgün görünüyor."

Beni bu kadar özleyeceğini kim bilebilirdi ki?

Ama bu doğru değil elbette. Günlerce ve gecelerce kendimden sakladığım gerçeği görebiliyorum. Stacey'nin beni özleyeceğini, arkamdan ağlayacağını biliyordum. İstediğim de buydu; bana yaptıkları yüzünden pişman olmasını istiyordum.

O benim kalbimi nasıl kırdıysa ben de onunkini kırmak istiyordum.

Ama Stacey'nin benim yüzümden kendini kötü hissetmesi başka, öldüğüme inanmasına izin vermek başka.

Tatilim bitti.

"Ne oldu, Joy?"

Dışarıda kopan fırtına kulübeyi sarsıyor ve pencereler zangır zangır titriyor.

Bobby, "Babacığım!" diye haykırıp kanepeden fırladı.

Daniel merdivenlerden inerek Bobby'yi kucakladı. "Sadece bir fırtına, oğlum," dedi onu yatıştırmaya çalışarak, "korkacak bir şey yok."

"Baban doğru söylüyor, Bobby. Korkacak bir şey yok," dedim donuk bir ifadeyle ama bu kelimelerin yalan olduğunu daha ağzımdan dökülürken biliyordum. Bobby'yle benim korkmamızı gerektiren bir şeyler var çünkü ben eve dönmeliyim.

Şimşek çakıp evin içini aydınlattı ve bir an için her şeyi mavi beyaza boyadı. Oğluna sımsıkı sarılan Daniel'a ve minik, solgun yüzü gözyaşlarıyla ıslanan Bobby'ye baktım.

"Annemle birlikte..."

"Hişşşt," dedi Daniel. "Hişşşt..." Dönüp Bobby'yi üst kata çıkardı. Yumuşak ve anlaşılmaz seslerini duyabiliyorum.

Daniel, Bobby'ye şarkı söylüyor ve şarkının dingin melodisi hıçkırıkları daha da vurguluyor. Bilmediğim ve sözlerini de anlamadığım bir şarkı bu ama yine de beni etkileyerek sevildiğimi ve kendimi güvende hissettiğim yıllara götürdü.

Resepsiyon masasına gidip telefonu buldum. Artık Stacey'yi aramalıyım. Şimşekler flaş ışığı gibi yanıp sönerek beni bir karanlıkta bırakıp bir aydınlatıyor.

Telefonu alıp operatörü aradım. İki defa çaldıktan sonra elektrik kesildi, telefon sinyali sustu ve her şey karanlığa gömüldü.

Rüyamda dünya garip seslerle dolu ve bilmediğim kokular alıyorum.

Işık... Bal peteğinin etrafında vızıldayan arılar misali ışık da benim etrafımda vızıldıyor. Sürekli kendini tekrarlayan sesler duyuyorum.

Kalaloch denen plajın dalgaları bu. Dalgaların bana fısıldadığını, serinliklerini hissetmem için beni yanlarına çağırdıklarını duyuyorum. Suyun dibine çökmüş gibiyim. Nefes alamıyorum. Panik içinde suyun yüzeyine çıkmak istiyorum ama nafile.

"Joy, uyan."

"Uyan. Lütfen."

Kız kardeşimin sesi bu.

Artık okyanusta değilim. Yine on yaşındayım ve Needles, California'daki KOA kamp alanındayız. Stacey kuralları çiğneyip kayıt binasının yanı başındaki havuzda gece yüzmek istiyor. Koluma yapışmış.

Sonra Madrona Yolu'na dönüyorum. Hamile kız kardeşime dokunacak kadar yakınım ama uzanamıyorum. Düğün davetiyem tam ortamızda, yerde. *Thomas James Candellaro ve Stacey Elizabeth McAvoy sizleri de aralarında...*

"Uyan, Joy."

Biri koluma dokunup beni nazikçe çekiştiriyor.

Gözlerimi açtım ve etrafımı kuşatan karanlık ilk başta biraz kafamı karıştırdı. Evde kendi odamın tavanına bakarken yaşlı Bay Lundgren'in çim biçme makinesinin sesinin duyacağımı sanıyordum.

Bobby yatağımın yanında bana bakıyor.

Dirseklerimin üstünde doğrulup yüzüme düşen birbirine girmiş kızıl saçları geriye ittim. Gördüğüm rüyadan sıyrılmaya çalışarak, "Bobby," dedim. Her şey hâlâ bulanık ve kafa karıştırıcı. Hiç bu kadar derin bir uykuya daldığımı hatırlamıyorum.

Endişe dolu gözlerle, "Uyanamıyorsun," dedi.

Pişmanlıkla birlikte gelen uykusuz bir gecenin ne demek olduğunu anlayabilirmiş gibi, "Dün gece geç saatlere kadar uyuyamadım," dedim.

"Rüyamda gittiğini gördüm."

Gözlerimi kapatıp iç çektim. Nasıl sonunu düşünmeden onunla yakınlaşabildim?

Hayaller...

Kendimi hayallerle sardım ve imkânsız bir gelecekten güzel kareleri bir can simidi, güvenli bir sığınak olarak kullandım. Burada geçirdiğim zamanı bir macera olarak gördüm. Gerçekteyse benim için birkaçıştı. Bu arada çıktığım yolculuğun süresi de doluyor. Ben bunu ancak şimdi fark edebiliyorum.

"Gidiyor musun?"

Ona yalan söylemek istiyorum, dahası yalanımın doğru olmasını istiyorum.

Ama ne kadar istesem de ben bu vahşi bölgeye ait değilim. Dün gece uyumaya çalışırken karanlıkta önüme çıkan gerçek buydu. Daniel'dan bana karşı bir şeyler hissettiğine dair bir işaret görmedim. Kafamdaki bütün ihtimaller keşkelere dönüştü.

Bobby'ye benzedim; şafak vakti iskelede bir hayaletin peşinden koşan bir çocuğa...

Bobby'nin tombul yanaklarına dokundum. Birkaç yıl içinde teni pürüzlenecek, sakalları çıkacak. Genç bir adam olacak ve ben de onun çocukluk anılarından biri olacağım.

"Kalmanı istiyorum," dedi boğuk bir sesle.

Bu sözlerin verdiği acıyı daha sonra yaşayacağım. Şimdi buna cesaretim yok. "Seni seven bir baban var. Benim de... onu affetmemi bekleyen bir kız kardeşim. Onun yanına dönmeliyim. Burada senden ve babandan bunu öğrendim."

"Ama gidersen seni özleyeceğim. Bunu umursamıyor musun?"

Bu soruyu güçlükle yanıtlıyorum, gözyaşlarım boğazımda düğümlendi. "Tabii ki umursuyorum, Bobby."

Bobby ıslak, suçlayan gözlerle bana bakıyor. "Noel sabahı burada olacak mısın? Hediyelerimizi birlikte açarız."

"Bilemiyorum..."

"*Lütfeeen!*"

Onu nasıl reddedebilirim ki? Özellikle de kalmayı bu kadar isterken... Stacey'yi arayıp ona iyi olduğumu söyleyebilir, sonra da Noel sabahıyla birlikte çok sevdiğim bu yerdeki maceramanoktayı koyabilirim. Ardından iç çektim. "Noel sabahını burada geçirebilirim ama sonra gitmem gerek. Tamam mı?"

"Kalacağına söz veriyor musun?"

"Söz veriyorum."

Bobby zorla gülümsedi.

Bu kadarının yeterli olmadığını, çok daha fazlasını istediğimizi ikimiz de biliyoruz.

Ama elimizden daha fazlası gelmiyor.

Duş alıp kahvaltımı edene kadar saat on oldu.

Odamdan çıktım, daha doğrusu çıkmak istedim ama tam eşikten geçerken ayağım takıldı ve düştüm. Olduğum yerde doğrulup küçük ve sefil odaya baktım. Saçma sapan bir ismi olan, köhne bir balıkçı kulübesinin 1A numaralı odası... Ama burayı ne kadar özleyeceğimi biliyorum.

Ne zaman gözümü kapatsam odayı hayal ettiğim haliyle görebiliyorum: Kütük duvarlar kusursuzca zımparalanıp cilalanmış, yeşil halı çıkarılıp altındaki çam ağacından döşeme bırakılmış, o güzelim dökme demirden beyaz yatağın üstüne lavantanın ve mavinin şafak vaktinde beliren tonlarında yastıklar yerleştirilmiş, yorgan serilmiş. Antika şifonyerin üstünde taze çiçekler var. Pençe ayaklı küvetiyle banyo, beyaz fayanslarla kaplanmış.

Bu hayali geride bırakarak kapıyı kapatıp yürüdüm. Zeytin yeşili halının üstünde ayak seslerim duyulmuyor. Meyve dolu bir tepsi ve tezgâhın üstündeki peynir dilimleri dışında mutfak boş. Daniel ile Bobby'nin gittiğini anlamam için üst kata çıkmama gerek yok ve çıkmak da istemiyorum. Bu evin havasını, içinde insanlar varken ve yokken nasıl bir duygu uyandırdığını öğrendim artık. Tepemdeki döşemeler gıcırdamıyor, Bobby kaykayıyla üst kattaki koridorlarda kayarken tavandan toz dökülmüyor. Noel ağacının ışıkları sönmüş ve resepsiyon masası karanlıkta kalmış.

Emin olmak için pencereye gittim. Dışarıda fırtına dinmiş ve bulutlar ağaçların tepesine çökmüş. Rüzgâr yaprakları iskeleye doğru savururken ağaçları da eğilip bükülebilen oyuncaklar gibi itiyor. Fakat yağmur yağmıyor.

Araba da yok.

Bir not bırakıp bırakmadıklarını görmek için etrafıma bakındım ama olmadığını biliyorum. Ben burada misafirim. Nereye gittiklerini ya da ne zaman döneceklerini neden bana bildirsinler ki? Yine de hayal kırıklığına uğradım.

Uzunca bir süre orada durduktan sonra nihayet gidip telefonu aldım. Kulağıma değen ahizenin soğukluğunu hissediyorum.

Hâlâ sinyal sesi yok.

Rahatladım ama bu his de çok uzun sürmedi. Ne kadar istesem de burada tek başıma dış dünyadan, kendi dünyamdan gizlenerek yaşayamam. Stacey'ye Noel hediyem onu aramam olacak. Evet, bu kadar. Onu aramam yetecek ve bu bir başlangıç olacak. Ondan sonra nereye varacağımızı kim bilebilir?

Bu düşüncelerle odama gidip ödünç aldığım mavi kazağı dolaptan çıkardım ve her ihtimale karşı resepsiyon masasının arkasındaki şemsiyeyi de alarak çıktım.

Rüzgâr şiddetle eserken ağaçların arasında ıslık sesleri çıkarıyor. Orman her zamankinden daha karanlık, gökyüzü de öyle...

Gölün paralelindeki asfalt yolu takip ettim. Yapraklar ve döküntüler kaldırıma düşüp sürükleniyor ve hendeklerde kahverengi sular çağlayarak akıyor.

Rüzgâra karşı eğilip güçlükle yürüyerek dün geceki fırtınadan kalan su birikintilerinin üstünden atladım. Sular önümde uzanan yolun ışıldamasına neden oluyor.

Başta belli bir ritimde yürüyordum. Düzenli denilebilecek aralıklarla spor yaptığım için vücudum formda ve geçtiğimiz hafta içinde kilo verdim. En azından zayıfladığımı hissediyorum, aslında tartılmadım.

Her dönemeçte kasabaya vardığımı sanıyorum. Birazdan kasabanın gözlerimin önüne serilmesini, bu fırtınalı karanlığı aydınlatacak küçük Noel ışıklarını görmeyi bekliyorum.

Ama her dönemeç beni bir başka yola çıkarıyor ve bu eski otoyol uzayıp duruyor.

Gücüm tükendi ve nefesim bir dizi beyaz buluta dönüşerek önümde ilerliyor. Adım atmakta zorlanıyorum. Üşüdüm. Rüzgâr yüzüme çarparak saçlarımı dağıtıyor.

Kazadan sonra bu kadar yürüyebildiğime inanamıyorum. O sırada bu yaşlı ormanda yürümek gözümde fazla büyümemişti ama aslında kilometrelerce yürümüşüm.

Bunu nasıl yapmışım?

Yürüdükçe yürüdüm ve artık geri dönmeyi düşünmeye başladım.

Burada yapayalnız kaldım. Yürüdüğüm süre boyunca yoldan ne bir araba geçti ne de dönüş yolumu aydınlatacak farlar kaldırıma vurdu. Kara bulutlar gökyüzünde uğursuzca alçalarak öğle vakti ortalığı karanlığa gömdü.

İleride bir dönemeç daha var. "İşte geldim!" diye haykırdım. O dönemeci de döndüğümde kasabaya varmış olacağım.

Sonra uzaktan gelen araba seslerini duydum.

Tanrı'ya şükür.

Kristin Hannah

Sonunda karşıma çıkacak olan manzarayı düşünürken yürümek de yine kolaylaştı. Nefes nefese kalmış bir halde kasabaya varana kadar adımlarımı bir parça daha hızlandırdım. İki şeritli yoldan çıkıp Azalea denen küçük, ağaçlarla çevrili yola döndüm. On beş metre kadar ancak yürümüşken bir şey kafama dank etti.

Burada da elektrik yok.

Kasaba karanlık ve ışıklar olmayınca binalar daha da küçük, tıkış tıkış görünüyor. Isınmak için birbirlerine sarılmış gibiler.

Parkın köşesinde eski tip bir telefon kulübesi gördüm. Uzun zamandır görmediğim türden bir şey. California'nın benim yaşadığım bölgesinde artık bu telefon kulübeleri yerine cep telefonları kullanılıyor.

Hemen kulübeye girip kapısını kapattım. Işık yanmadı. Telefonu elime almadan da neyle karşılaşacağımı biliyorum.

Hat yok. Paslı bir zincirden telefon defteri sarkmıyor.

Kulübeden dışarıya adımımı atar atmaz granit rengine dönen gökyüzü gürlemeye başladı. Şimşekler çakarak uykudaki kasabayı arada bir kısa süreliğine aydınlattı ve sonra yağmur başladı.

Sağanak...

Şemsiyemi kaldırıp açtım. Yağmur başımın üstündeki plastik kubbenin üstüne şiddetle düşüyor. Parkı koşarak geçtim.

Kasabada saçakların altına sığındım. Binaların dibinden yürürken karanlıkta bile her yerin ne kadar da bakımlı olduğunu gördüm. Bütün vitrinler süslenmiş. "Çiy Damlası" isimli lokantadaki "KAPALI: Meyve suyu servis edilmez" tabelasını görünce soğuğa ve tüm sefilliğime rağmen gülümsedim.

Yolun sonunda bir dört yol ağzına vardım ve saçaklar beni koruduğu için sağa döndüm.

İki sokak sonra hiç ihtimal vermediğim bir şey gördüm: ışıkları yanan bir benzin istasyonu. Jeneratörleri olmalı.

Islak ve kaygan yolu hızla geçip benzin istasyonunun kapısına vardım. İçeride rengârenk ürünlerle dolu raflar sıra sıra dizilmiş. Işıklar öyle parlak ki gözlerimi kısmak zorunda kaldım.

Tezgâhın arkasındaki adam bir dosyadan bir şeyler okuyup panoya notlar alıyor. Tezgâhın üstünde, sağ elinin hemen yanında küçük, gri bir cep telefonu var.

"Tanrı'ya şükür," dedim, üzerinden yağmur suları sızan şemsiyemi muşamba döşemeye bırakırken. "Hava çıldırmış gibi, değil mi?"

Adam bu havada dışarı çıkan birini gördüğü için şaşırdığını belli eden bir ifadeyle bana bakıyor. Kusursuz bir şekilde kesilmiş beyaz saçları ve onun yaşındaki bir adama göre fazlaca keskin görünen mavi gözleri olan zayıf yüzlü biri. "Ne kadar sürer, kim bilir!"

Meteoroloji uzmanları da hep böyle diyor. Ona gülümsüyorum. "Telefonunuzu kullanmam gerek."

Adam bana tuhaf bir bakış atıp sol kulağındaki işitme cihazını işaret etti. "Televizyon mu bozulmuş?"

"Televizyon değil, telefon. Birini aramam gerekiyor. Ödemeli."

Adam bana biraz daha yaklaşarak, "Beni duyuyor musunuz?" dedi. "Bozuk."

"Ben sizi duyuyorum," dedim sabırsızlığımı belli etmemeye çalışarak. Yoruldum, sırılsıklamım ve donuyorum. Her an patlayabilirim. O yüzden derin bir nefes alıp gülümsemeye çalıştım. "Elektriklerin kesik olduğunu biliyorum." Cep telefonunu işaret ettim. "Bunu kullanabilir miyim? Lütfen! Kız kardeşimle konuşmalıyım."

Bunun üzerine adam kusursuz protez dişlerini göstererek gülümsedi ve küçük, pırlanta küpeye benzeyen bir cihaz yerleştirdiği kulağını gösterdi. "Konuşmak iyidir."

Zavallı adam hiç duymuyor. Bu kadar üşümesem ve çaresiz olmasam nazik olabilirdim. Sonunda ona, "Evet, öyle." dedim. "Bak, telefonunu kullanacağım. Umarım sakıncası yoktur."

"Akıl çok narin bir şeydir."

"Çok faydası oldu. Teşekkür ederim." Sonra telefonuna uzandım. Telefonu açıp tuşlara bastığım sürece adamın bana engel olmasını bekledim ama hiç tepki vermedi. Okumaya devam ediyor.

Telefon çalıyor.

Çalıyor...

Her cılız sinyalde biraz daha geriliyorum. Sonunda telesekretere bağlandı. Stacey'nin sesini duyuyorum. *Mutlu Noeller. Stacey ve Thom şu an evde yok ama mesaj bırakırsanız biz sizi ararız. Teşekkürler!*

İsimlerinin birlikte anılması bir an için afallamama sebep oldu. Stacey ve Thom. Thom ve Stacey. Tek bir kelime gibi... Eskiden Thom'la benim olduğumuz gibi...

"Ah... Merhaba, Stacey. Ben Joy. İyiyim. Endişelenmene gerek yok. Noel günü seni ararım." Bir şeyler daha söylemeliyim ama aklıma hiçbir şey gelmiyor. "Hoşça kal."

Telefonu kapatıp tekrar adama uzattım. "Teşekkürler."

Adam bana baktı. "Onunla konuşmaya devam edebilirsin."

"Hayır, teşekkür ederim. Söyleyeceğimi söyledim."

Gülümseyerek şemsiyeyi aldım ve benzin istasyonunun insanın içini ısıtan aydınlığından uzaklaştım.

Göz açtırmayan yağmurun altında yorgun adımlarla parka vardığımda ancak düşünebildim. Adamdan beni eve bırakmasını istemeliydim. Burası küçük bir kasaba ve insanlar birbirine yardım eder. Dönüp aynı yoldan yürüdüm. Gök gürlüyor ve yağmur üzerime çekiçle dövercesine yağıyor.

Şiddetli fırtınada kafam karıştı ve yönümü şaşırdım. Benzin istasyonunu bulamadım.

Zaten yön bulma yeteneğim hiçbir zaman iyi olmamıştır.

İç geçirerek parka yöneldim ve sonra eski otobana çıktım. Aklımdan geçen ilk şey şu oldu: Bu yol, evimin yolu.

Sonra hatırladım...

Benim evim Bakersfield'ın çok da güzel olmayan bir yerinde. Hamile kız kardeşimle eski kocamın birlikte yaşadığı şehirde...

Stacey ve Thom.

Onlara ne diyeceğim?

* * *

Tam havanın bundan daha kötü olamayacağını düşünürken kar yağmaya başladı.

Bu fırtınalı arazi bir anda büyüleyici, inanılmaz bir ışıkla kaplandı. Bulutlar dağıldığı için parlak ay tam tepede belirip gümüş rengi ışığıyla yolu aydınlattı. Yağmur damlaları küçük pamuk toplarına dönüşerek tembel tembel süzülmeye başladı.

Her şey sabit görünüyor; dünya nefesini tutmuş gibi. Hendeklerdeki suyun çağıltısı bir bebeğin ağlamasına dönüştü. Çam ağaçlarının ve ıslak toprağın o yoğun kokusunu yeniden alıyorum.

Ne yazık ki aniden ortaya çıkan bu güzelliğin bir de acı tarafı var.

Hava daha da *soğudu*.

Beni ısıtmaya yetmeyen kazağımın içinde titriyorum. Nefesim etrafımı görmemi engelleyerek bana kendimi yoğun bir sis bulutunun içinde yürüyormuşum gibi hissettiriyor.

Bir kez titremeye başlayınca bir daha kendimi durdurmam mümkün olmadı. Bir akıl hastanesinin elektroşok odasından kaçıp yol kenarında dans eden bir akıl hastası gibi görünüyor olmalıyım. Çok yoruldum ve tek yapmak istediğim şey durmak ama durursam düşeceğimi ve belki de tekrar ayağa kalkamayacağımı biliyorum. Göz kapaklarım ağırlaştı, el ve ayak parmaklarımsa soğuktan uyuştu. Buz kesen yanaklarım âdeta yanıyor; her bir kar tanesi tenimi yakıyor. Ancak California'da büyümüş bir kadın böyle bir günde yürüyüşe çıkar.

"Öyle düşünme," dedim yüksek sesle kendi kendime. Sesimin sert çıkmasını istemiştim ama halim içler acısı. Dişlerim Evinrude marka deniz motorları gibi takırdıyor. İyi düşüncelere odaklanmalıyım.

Bobby'yle Daniel'ın iskelede beni beklediği, Noel süslemelerine bürünmüş kulübe gibi şeylere...

Eve dönmüşler midir, diye düşünüyorum. Yokluğumu fark etmişler midir? Endişelendiler mi?

En son ne zaman biri beni evde bekleyip benim için endişelenmişti?

Stacey.

Bütün olanlara rağmen, bütün yaptıklarına rağmen gerçek oraya, öfkenin ardına gizlenmiş: Onu özlüyorum.

Yağmur ormanlarında geçirdiğim zamanı, ilgilendiğim küçük çocukla babasını anlatmak istediğim kişi o.

Sanırım uçak kazası ve kar fırtınasında yolunu kaybetmek insana bazı şeyler öğretiyor.

Kendi düşüncelerime öyle çok dalmışım ki arkamdan gelen gürültüyü duymam biraz zaman aldı.

Bir araç sesi... Saniyeler sonra arkamdan yaklaşan farları ve bu ışığın altında etrafımı saran karları gördüm.

Durup arkamı döndüm.

Daniel'ın kırmızı pikabı gürültülü bir şekilde ilerliyor. Rüya gibi, karlarla kaplı bembeyaz bir dünyada ortaya çıkan kırmızı bir hayal misali... Gerçek olduğundan bile emin değilim. Belki de kurtulduğumu hayal ediyorum.

Pikap yanıma gelip durdu ve mavi yolcu kapısı gıcırdayarak açıldı.

Bobby koşarak banka kadar geldi. Küçük suratı endişeyle kırışmış. O bulanıklıkta ve belli belirsiz ışıkta fazla renkli görünüyor. "Joy?"

Ona hiçbir şey olmamış gibi yanıt vermek istiyorum, hatta gülümsemeye çalışıyorum ama tek duyduğum şey dişlerimin takırtısı. Ansızın bebek gibi ağlamaya başladım. Burada yapayalnız ve tek başıma kaybolmaktan ne kadar korktuğumu ancak fark edebildim. Neden Stacey'yi düşündüğümü şimdi anlıyorum.

"Ona yardım et baba!" diye haykırdı Bobby. "Donuyor!"

Daniel kapısını açıp arabadan dışarı fırladı.

"Ben... iyiyim," dedim. Sesim betona vuran bir matkabın sesi gibi çıkmıştı. Pikabın kapısını tuttum. Metal o kadar soğuk ki elim acıdı ve oturmaya çalıştım. Ne kadar üşüdüğümü, nasıl bir aptallık ettiğimi anlamasını istemiyorum. Burada ölebilirdim. "Te... teşekkürler."

Pikabın yanında dururken Daniel'ın bana endişeyle baktığını gördüm. Muhtemelen daha önce hiç mavi yanaklı bir kadın görmemiş. Gözlerinde anlamını çözemediğim tuhaf bir ifade var. Endişeden öte bir şey bu. Sanırım aptalca davranıp oğlunu korkuttuğum için bana kızdı. Tekrar sürücü koltuğuna oturarak kapıyı kapattı. "İnsan böyle bir havada ölebilir," dedi usulca.

"Ben iyiyim. Gerçekten… Ben yalnızca... kız kardeşimi aramak için bir telefon bulmaya gittim. Sizi endişelendirdiğim için özür dilerim."

"Babamın cep telefonu var," dedi Bobby sitem ederek. Ne kadar üzgün olduğu belli. Hiçbir şey söylemeden gittiğimi, annesi gibi öylece ortadan kaybolduğumu sanmış olmalı.

Buna verecek cevabım yok. Aptalca davrandım. Çok aptalca…

"Saatlerdir seni arıyoruz," dedi Bobby. Sesindeki paniği hissedebiliyorum. "Başının dertte olduğunu biliyordum."

"Noel sabahını birlikte geçireceğimize söz verdim," dedim alçak sesle. "Hatırladın mı? O telefon görüşmesini yapmalıydım. Ciddiyim."

"Tamam," dedi ama tam anlamıyla ikna olmuşa benzemiyor.

Sonra cesaretimi toplayarak Daniel'a baktım. "Bobby Noel sabahını birlikte geçirmeyi teklif etti."

"Babama Noel'de de kalacağını, sonra gideceğini söyledim."

Daniel hâlâ bana bakmıyor. Karın içinde araba kullanmaya odaklanmış durumda. Belki de Noel sabahını oğluyla baş başa geçirmek istiyordu.

Eskiden olsa şu anda sessiz kalır, onun beni davet etmesini, istemesini beklerdim ama bu macerayı yaşarken cesaretimi topladım. Hayat kısa. Uçaklar düşebilir; kız kardeşler yakalayacakları şansı tümüyle kaybedebilirler. "Sen ne diyorsun, Daniel?"

Sorumu takip eden sessizlikte sileceklerin takırtısı çok gürültülü gelmeye başladı. Daniel şu anda beni kırabilir, tek bir bakışla ya da tebessümle parçalarıma ayırabilir ama ben bu riski göze aldım. İstediğim şey bu: Noel'i Bobby ve Daniel'la birlikte geçirmek. Sonra da Bakersfield'a döneceğim. Yanıt vermediği her an içim parçalanıyor. Çılgınlık bu, biliyorum. Saflıktan başka bir şey değil ama elimden bir şey gelmiyor.

Bobby gerginliğimi fark ederek büyük ihtimalle bana acıdı. Sessizlik bir kilometre boyunca bozulmayınca, "Baba?" dedi. "Joy'un Noel'i bizimle geçirmesini istiyorsun, değil mi?"

Derin bir nefes aldım ama Daniel bana bakmıyor. Alçak sesle, "Elbette istiyorum," dedi.

Elbette...

Benim sorumun bir önemi yok gibi. Gerginliğim içimden taşarak beni iyice güçsüz bıraktı. Oturduğum yerde arkama yaslandım.

Daniel radyoyu açtı. Hoparlörden yükselen *Jingle Bell Rock* şarkısı beni gülümsetti. Annem bu şarkıya bayılırdı.

"Senin ailen Noel'de ne yapar?" diye sordu Bobby.

"Kiliseye gideriz."

"Annem ve ben de öyle yapardık."

"Annem için bir mum yakarım," diye ekledim. "Böylece onu hâlâ çok sevdiğimi anlar."

"Benim annem için de yakar mısın?"

"Benimle birlikte kiliseye gelirsen yakarım."

Yalnızca sileceklerin sesinin duyulduğu uzun bir sessizlik oldu ve sonra Bobby usulca, "Tamam," dedi.

Gözyaşlarımın gözlerimi acıttığını hissederek ona baktım. Bu çocuğun cesareti beni mahvediyor. "Birlikte onun için dua edebiliriz."

"Ne için 'tamam' dedin?" diye sordu Daniel. Bir şey kaçırmış gibi kaşlarını çatmış. Radyoyu kapattı.

"Joy, Noel sabahı annem için mum yakmama yardım edecek."

"Kilisede mi?"

Bobby başını salladı.

O birkaç kelimenin Daniel'ı nasıl etkilediğini görebiliyorum. Bana ya da oğluna bakmadı, bakarsa gözlerinin dolacağını düşünüyorum. "Joy'un adını nereden aldığı belli." Daniel'ın sesi sıcak ve içten. Beni bir örtü gibi sarıp sarmalıyor. Gülümseyerek başımı soğuk cama yasladım ve gözlerimi kapattım. Bir anda üzerime bir yorgunluk çöktü.

Daniel pikabını kulübenin otoparkına çekip kontağı kapattı ve sonra hemen Bobby'ye döndü: "Gel buraya."

Bobby babasına sokuldu.

"Seninle gurur duyuyorum, oğlum."

"Ama ben Joy'un gitmesini istemiyorum."

"Biliyorum."

Yavaş yavaş doğruldum. Onları görünce göğsüme bir ağrı saplandı. Gelecekte, sevgiye inancımın kalmadığı zamanlarda bu anı hatırlayacağım.

Daniel oğluna daha da sıkı sarıldı. "Sen benim her şeyimsin, Bobby. Bunu biliyorsun, değil mi? Biz artık bir takımız. Sen ve ben."

"Peki ya Joy geri dönerse? O da bizim bir parçamız olabilir mi?"

Daniel gülümsedi. Aniden gençleşmiş, sıkıntılarından arınmış gibi göründü.

Nefesimi tuttum. Kendimi Daniel'ın gözlerinde kaybedip onun dünyasına dalmam çok kolay.

Daniel oğlunun başının üzerinden bana bakarak, "Belki, oğlum..." dedi. "Bu tür şeyler... Bilemiyorum."

"Kaderdir."

Bu kelime Daniel'la ağzımızdan aynı anda çıktı. Arabada çalan şarkılar kadar yumuşak, bu yaşlı ağaçlar kadar güçlü bir kelime...

Ama Bobby daha sağlam bir şeye tutunmak istiyor. "Geri dönerse bizim yanımızda kalabilir mi?"

Daniel aniden kaşlarını çattı. O tek bir kelimenin onu da benim kadar etkileyip etkilemediğini, ona olasılıkları düşündürüp düşündürmediğini merak ediyorum. "Elbette."

"Söz mü?" diye sordu Bobby.

"Söz," diye karşılık verdi Daniel gözlerini benden ayırmadan. İçimde bir şeylerin, kalp atışımı hızlandıran bir şeylerin uyandığını hissediyorum. "'Aç şu lanet olası kapıyı, Daniel, dışarısı çok soğuk,' desin, yeter. Ona hemen kapıyı açarım." Bobby güldü. Duyduğum en saf, en temiz ses bu. "O küfretmez, baba."

Daniel ve ben ilk kez aynı anda gülüyoruz.

Kutudaki en güzel çikolatalar her zaman en sona kalanlardır. Huzurlu Balıkçı Kulübesi'ndeki sondan bir önceki gecem de benim için öyle geçiyor. Eve vardığımızda elektrik gelmişti. Biraz sonra Noel ağacıyla şömine rafı rengârenk ışıklarını yaymaya, şömine ateşi gürlemeye başladı.

Bobby ve Daniel akşam yemeğini hazırlamak üzere mutfağa giderlerken ben de duşa girdim. İliklerime kadar üşüdüm, yemek yemek aklıma gelecek en son şey.

Ben asıl yarını düşünüyorum.

Noel arifesini...

Buradaki son gecem olacak.

Tatilimin bittiğinin farkındayım. Stacey -muhtemelen Thom'un ofis partisinden- eve döndüğünde mesajımı dinleyecek ve hemen beni aramaya başlayacak. "Büyük haber" olacağım. Yanıtlanması şöyle dursun, dile getirilmesini bile istemediğim soruları aydınlığa kavuşturmak için yetkililer başıma üşüşecek. Kaza yerinden niçin ayrıldığımı anlamayacaklarından eminim.

Anlayacak olan birkaç kişiyse aralık ayının başında benimle aynı hisleri paylaşanlar olacak. Kendilerini sıradan hayatın karanlık ormanlarında kaybeden, sevdikleri tarafından ihanete uğrayıp hayallerinin peşinden koşmayı unutan insanlar...

Ve Daniel...

Nedense bu garip tercihimi onun anlayacağından eminim. O akıntıya kapılmanın, ihanetin ve kaybın anlamını bilen bir adam. Bundan eminim. Yıllar önce ailesi Boston'ın kırmızı renkli tuğla evlerinden birinde yaşarken burayı satın almasının sebebi de aynı. Bazen sahnenin değişmesi çözüm olabilir. Çözümün kendisi olabilir.

Stacey de anlayacak ve beni affedecek. Önemli olan şu: Ben onu affedebilecek miyim?

Öğrendiğim bunca şeye rağmen bunun yanıtını bilmiyorum ve açıkçası bu konuyu düşünmek de istemiyorum. Huzurlu Balıkçı Kulübesi'nde fazla zamanım kalmadı. Buradaki her anımın tadını çıkarıp zamanı anılara dönüştürmeliyim. Eve döndüğümde o anılara ihtiyacım olacak.

Daha fazlasına ihtiyaç duyduğum için onları aramaya çıktım. Lobiye bakınca Daniel ve Bobby'yi birlikte *Miracle on 34th Street* filmini izlerken buluyorum.

"Harika," dedi Bobby beni görünce. "Hiçbir şey kaçırmadın."

Hayatımızda kaç kez Noel filmi izlediğimizi henüz bilmiyor. Şöminenin yanındaki kırmızı deri koltuğa oturdum.

Birlikte gerçek bir aile gibi filmi izledik.

Birbiri ardına sahneleri izlerken uzun yıllar önce yaşadığım Noel'ler aklıma geldi.

"Annem bu bölümü çok severdi," dedi Bobby usulca.

Ekranda genç Natalie Wood yeni evine doğru koşuyor ve mucizeler yaratan değneği buluyor.

"Ben de severim," dedim, ekran kararıp jenerik akmaya başlarken.

Bobby'nin tebessümü bir an için kaybolsa da geri geldi. "Chutes and Ladders oynayalım mı?"

"Olur, tabii," diye yanıtladım.

Daniel güldü. "*Grinch*'i tekrar izlemekten iyidir."

Bobby de babasının bu lafına gülerken Daniel'ın boğuk ve gür, Bobby'nin tiz ve çocuksu kahkahaları yüreğime dokundu.

Bobby üst kata koşup çok geçmeden geri geldi ve birkaç dakika içinde oyun masasının başına kurulduk.

Daniel şöminenin önüne oturarak yüzünü oyuna döndü ve ateşi arkasına aldı. Yakışıklılığını görmezden gelmek mümkün değil. "Haydi bakalım," dedi ellerini ovuşturarak, "çığlığı basmaya hazır mısın?"

Bobby kıkırdayarak taşlarımızı verdi. Ben Daniel'ın solundaki boş sandalyeye oturdum ve Bobby de benim karşımdaki sandalyeye oturdu. "Ben herkesin yerine oynarım," dedi taşları doğru yerlere yerleştirmeye çalışırken.

"Ah!" dedi Daniel. "Zaten hep böyle yapıyorsun. Herkesin hediyesini açtığın gibi…"

Sonraki bir saat boyunca Bobby taşlarımızı yönetti, bütün kartları alıp bütün taşları hareket ettirdi ve öne geçince de kahkahalar attı. Daniel ve ben yan yana otururken konuşacak konu bulmakta zorlandık ama konuşmak istediğimiz de söylenemez. Daniel kendini oğlunun kahkahalarına kaptırdı, bense ikisinin bu halini izlerken büyülendim.

Bobby benden farklı olarak bir babanın yokluğunu hiç hissetmeyecek. Anne özlemini, güneşli bir günde ortaya çıkan küçücük bir gölge gibi hep içinde taşıyacak ama sevilmediğine, değersiz olduğuna dair bir hisse hiçbir zaman kapılmayacak. Hayatı boyunca geceleri babası tarafından sevildiğini bilerek uykuya dalacak.

"Bugün ne kadar çok güldün, oğlum." Daniel'ın sesi beni içinde bulunduğumuz ana geri getirdi.

"Joy kötü kart çekip duruyor," diye karşılık verdi Bobby kıkırdayarak.

"Benim suçum değil." Başımı oyun levhasından kaldırdığımda Daniel'la göz göze geldim ve birlikte nasıl bir ilişkimiz olurdu, diye düşündüğüne karar verdim. Dikkat çekici bir şeyler söylemeye, ilgime karşılık vermesini sağlayacak bir şeyler bulmaya çalışıyorum ama aklıma hiçbir şey gelmiyor. Üstelik zaman geçiyor.

Gecenin ilerleyen saatlerinde Chutes and Ladders'tan Candy Land oyununa geçtik ve bu arada kendime sürekli burada misafir olduğumu hatırlamak zorunda kaldım çünkü Daniel'a uzanıp dokunmam an meselesi. Koluna dokunup, "Sen de mi yalnızsın?" ya da "Sen de o kıvılcımı hissediyor musun?" diye sorabilirim. Önemsiz de olsa bir şeyler söylemeye çalışıyorum. Sessiz kaldığım her anın bir kayıp olduğunu, beni vedalaşmaya biraz daha yaklaştırdığını biliyorum.

Bu gecenin temsil ettiği her şey, hayatım boyunca hayalini kurduğum şeylerdi. Sevgiyle ayakta duran bir aile, bana ihtiyaç duyan bir çocuk... Sevmesini bilen bir adam... Buraya ait olmayı, onlarla kalmamı istemelerini diliyorum. Burada yeni bir başlangıç yapabilirim, hatta yerel lisede iş bulup Daniel'ın burayı yenilemesine yardım edebilirim. Ona faydam dokunabilir, dokunacağını biliyorum. Yeter ki benden yardım istesin... Yeter ki kendimde ona yardım etmeyi teklif edecek cesareti bulabileyim...

Bobby kartıma bakıp, "Şimdi geri gitmen gerek," diyerek kıkırdadı. "Bak, baba, annem geri gidecek."

Ansızın ateşin çıtırtısı bütün odayı sardı, tıpkı Daniel'ın iç geçirmesi gibi...

"Yani Joy demek istedim," dedi Bobby neşeyle ve taşımı geri taşıdı.

Daniel, Bobby'ye baktı. Yüzü solmuş, dudakları gerilmiş. Bu ifadenin ne anlama geldiğini bilecek kadar tanımıyorum onu. Sebebi Bobby'nin beni bu kadar sevmesinin verdiği korku mu yoksa elde edilemeyecek şeylere duyulan özlem mi? Belki de bu gece bu masada oturması gereken kadına duyulan özlem... Bilemiyorum. Tek bildiğim Daniel'ın bir an için de olsa bana bakıp gülümsemesini istediğim. Ama hayatımda ilk kez biri bana "anne" derken Daniel'ın bana bakmaktan kaçındığını gördüm.

Bobby yeni bir karta uzanıp, "Senin sıran, baba," dedi.

Ve oyun devam etti. Bobby'nin bana "anne" diye seslendiğini ve Daniel'ın bundan ne kadar etkilendiğini unutmaya çalışıyorum ama yapamıyorum. O kelimeyi ve taşıdığı bütün anlamları daha da çok istiyorum şimdi.

Anne.

Bu soğuk kış gecesinde kendime dair bir şey öğrendim. Belki de çok daha önceden bilmem gereken bir şey bu. Bilseydim o kaza yerinden asla kaçmazdım.

Hayatınızdan ve geçmişinizden kaçabilirsiniz ama kalbinizi arkanızda bırakamazsınız.

Saat sekizde Daniel o muhteşem geceye son noktayı koydu.

"Artık yatmaya hazırlanması gereken bir çocuk görüyorum," dedi ayağa kalkarak.

Bobby ise suratını asıp, "Hayır, baba," diyerek sızlandı. Sandalyesinden kalkarken gülümsedi. "Ama daha Joy'la birlikte hediyeni paketleyecektik."

Daniel oğluna baktı. "Şimdi mi?"

"Yarın Noel arifesi," dedim Daniel'a. "Bütün hediyeleri ağacın altına koymalıyız."

Daniel'ı kandırmak mümkün değil. "Geç saate kadar oturmak istiyorsun. Pekâlâ. Benim de paketlemem gereken birkaç hediyem var ama saat sekiz buçukta yatmanı istiyorum. Hatırlaman için saati kurayım mı?"

"Hayır."

"O saatte onu yatağına yollarım," dedim.

Daniel orada biraz daha kalıp bize baktı. Bobby şimdi benim yanı başımda. O kadar heyecanlı ki küçük vücudu âdeta titriyor.

"Pekâlâ," dedi Daniel sonunda. "Yarım saat sonra görüşürüz."

O gittikten sonra Bobby kanepeye doğru koşup *Green Eggs and Ham* kitabının bir kopyasını minderin altından çıkardı. "Tekrar üstünden geçmek istiyorum, olur mu?"

"Elbette."

Birlikte rahat minderlerin üstüne yerleşip kitabı açtık.

"Ben... Sam. Sam... benim." Bobby kitabın bu kısmını ezberlediği için kolayca okudu fakat on altıncı sayfaya geldiğinde yavaşlayıp kelimeleri tek tek okumaya başladı.

"Ben... bunların... burada... ya da orada... olmasını istemiyorum."

Ona daha sıkı sarıldım.

Kitabı bitirdiğinde yüzünde fırtınayla birlikte ortaya çıkan dalgalar misali kocaman bir tebessüm belirdi ve sonra kontrol edilemez bir kahkahaya dönüştü.

"Babana verebileceğin en güzel hediye bu bence."

"Arnie Holtzner artık bana aptal diyemeyecek." Bobby dönüp bana baktı. "Teşekkürler." Bunu alçak sesle söyledi ama yine de beni etkiledi.

"Bir şey değil." Ona doğru eğilerek alnına nazikçe bir öpücük kondurdum. Bu muhteşem bir an, yanımda götürebileceğim bir hatıra ama kadifemsi tenini hissedip saçının o tatlı kokusunu içime çektiğimde tek düşündüğüm şey onunla vedalaşırken neler hissedeceğim oldu.

Ondan uzaklaşıp gülümsemeye çalıştım. "Babanın yanına gitmene birkaç dakika kaldı. Bana bir konuda yardım eder misin?"

"Ederim."

"Bana bir kalemle kâğıt lazım."

Bobby kanepenin üstünden tıpkı bir yılan gibi kayıp resepsiyon masasına koştu ve çok geçmeden elinde bir not defteri ve kırmızı bir boya kalemiyle geri döndü.

Elimde olmadan gülümsedim. Yıllardır boya kalemiyle yazmamıştım. "Tamam. Haydi, şimdi oyun masasına gidelim."

Masanın üstündeki oyunu toplayıp yan yana oturduk. Boya kalemini Bobby'ye uzatarak not defterini de önüne koydum. "Şimdi benim için bir liste hazırlayacaksın. Babana benden bir Noel hediyesi olacak bu."

"Ben yazamam..."

"Evet, yazabilirsin. Pratik yapmış olursun. Ben sana kelimeleri heceleyeceğim ve sen de yazacaksın. Böylece ona vereceğim hediye daha da özel olacak."

Bobby'nin yüzünde öyle korku dolu bir ifade belirdi ki ona sarılmak istedim. Ama bunun yerine en iyi öğretmen ifademi takındım. "İlk kelimemiz fikir. F...i...k...i...r." Kelimenin harflerini ona tek tek söyledim ve hecelemesine yardımcı oldum.

Elindeki kalem titriyor. Bobby onu sımsıkı tutup kâğıdı yana çevirdi ve odaklandığını belli edercesine kaşlarını çatarak, "Yavaş söyle," dedi.

On beş dakika uğraşmamız gerekse de sonunda elimizde şöyle bir liste oluştu:

Figirler.

İsm değştir/rmantik

boya

ççek

dlpları tmr et

webstesi

hallrı kldır

İşimiz bittiğinde Bobby, "Vay canına," dedi. "Annem de bunların bir kısmını yapmak istemişti. Sence babam yapar mı? Keşke..."

"Biliyorum." Bobby'nin ümit ettiği şeyi yüksek sesle dile getirmesini istemiyorum. Bazı şeylerin bir ihtimaller yığınının içine gömülmesi gerekir. "Ama şunu hiç unutma, Bobby: Önemli olan babanla her zaman birlikte olmanız. İkiniz artık bir takımsınız. Bir aile..."

Bobby bana baktı. "Günün birinde geri geleceksin, değil mi Joy?"

"Kimse bana engel olamaz. Haydi, şimdi şu hediyeyi ambalajlayıp ağacın altına koyalım."

Listeyi silindir şeklinde yuvarlayıp güzel, kırmızı bir folyoya sararak her iki ucuna nasıl fiyonk bağlayacağını ona gösterdim. İşimiz bittiğinde saat 20:25'i gösteriyordu. "Yatma vaktin geldi."

Bobby karşı çıkarcasına homurdanmasına rağmen sorumluluğunu bilerek merdivenlere yöneldi.

Bobby gittikten sonra şöminenin kenarına oturup sönmeye yüz tutmuş ateşin son çırpınışlarını dinledim.

Noel sabahı için ağacın altına yerleştirmem gereken bir hediye var. Tabii ilk önce aradığım şeyi bulmalıyım.

Odama gidip kasabaya giderken giydiğim ve henüz kuramamış olan kazağı aldım. Onu üzerime geçirdikten sonra da dışarı çıktım.

Gece sessiz ve soğuk. Yeni yağan sulu kar yerleri örtmüş ama çoktan erimeye de başlamış. Yeşil çimenlikler büyük, düzensiz toprak parçalarını kaplamış. Sular saçaklardan ve dallardan damlayarak erimeye yüz tutan karın üstünde küçük, koyu renkli boşluklar oluşturuyor.

O düzensiz yoldan göle doğru yürüdüm.

O sırada tepemdeki bulutlar da dağılarak neredeyse dolunay halindeki ayı ortaya çıkarıyor. Parlak mavi ışığı beni, gölü ve karanlık zemini aydınlatıyor. Bu ışığın ürkütücü, imkânsız görünen bir tarafı da var. İçimi bir ürperti sardı. Böyle bir şey mümkün olamasa da, bunun olamayacağını bilsem de bir kadın sesi duydum. Kısık, fısıltıdan biraz daha yüksek bir sesti ama bana, "Orada," dediğini duydum.

Yere baktım. Orada, parlak siyah taşlardan oluşan yığının tam tepesinde bembeyaz, sivri uçlu bir taş duruyor. Ay ışığı bu taşa vurup ışığını bana yansıtırken bir an için onu kayan bir yıldıza çevirdi.

Arkama dönüp baktım ama etrafımda kadın falan yok.

Tabii ki yok.

Taşı almak için eğildim. Avucumu tam anlamıyla dolduran taş, ipek kadar yumuşak ve bir kar tanesi kadar soğuk. Onu cebime koyup gümüş ve siyah ışığın altında kulübeye yürüdüm.

Kapıya vardığımda kendi kendime göl kıyısında olağanüstü bir şeyin olmadığını söyledim. Göl kıyısına sivri uçlu bir taş bulmaya gittim ve buldum.

Fakat iskeleye adımımı atıp ayağımın altında gıcırdadığını duyunca, "Teşekkürler, Maggie," dedim.

Ve içeri girdim.

* * *

Sabah olduğunda kar neredeyse tamamen erimiş. Penceremde durup güneşin aydınlattığı yemyeşil arka bahçeyi izlerken barakalardan birinin köşesini gördüm. Çatı padavrası kalın bir yosun tabakasıyla kaplanmış. Önümüzdeki bahar o yosunların arasından küçük çiçeklerin filizlendiğini gözümde canlandırabiliyorum.

Listeme çatıların tazyikli suyla yıkanmasını da eklemeliydim. Bir de uçuş dergilerine daha fazla reklam vermeyi... Bunları Daniel'la yüz yüze konuştuğumda ona söylemeliyim.

Bu Noel arifesinde dışarıda hava hem güneşli hem bulutlu. Hafif bir yağmur çiseliyor. Damlalar öyle küçük ki onları hayal ediyor da olabilirim. Gözyaşları gibi...

Ve ansızın Stacey'yi düşünmeye başladım.

Bakersfield'daki son günümde düğününe gelmemi istediğini ve bana karnını gösterdiği anı hatırladım.

Çok üzgünüm, demişti.

Televizyonda benim için ağladığını, bir mucize olup döneceğime inandığını, bunu umduğunu gördüm.

Sonra Thom'u düşündüm. Ömür boyu seveceğime yemin ettiğim ve şimdi kız kardeşimi seven o adamı...

Bu düşünce beni hüzünlendirse de artık yıkılmıyorum. Hatta onları bir arada düşünmekten de rahatsızlık duymuyorum.

Bu uzaklaşma bana en azından bu fırsatı verdi: Geçmiş hayatıma bakmamı sağlayan bir mercek. Bu bir bağışlama değil. Affetmekle uzaktan yakından ilgisi olmayan bir duygu bu... bir kabulleniş ve hiç yoktan iyi.

Penceremin önünde ne kadar durduğumu, dışarıya bakarak geçmiş hayatımı ve gelecekte olacakları ne kadar düşündüğümü bilmiyorum. Burada zaman çok tuhaf akıyor, alışkın olduğumdan çok daha istikrarsız. Duş alıp ödünç eteğimle kazağımı giyerek lobiye gittiğimde Bobby'yi ağacın yanında hediye kutularını sallarken buldum. Daniel da arkasında durmuş kahkahalarla gülüyor.

Köşede durup onları izledim. Bobby'yle Daniel'a bir bakış atıp varlıklarını hissetmem, geçmiş hayatımın acılarını bir anda unutmama yetti. Kolayca gülümsedim ve yüreğimin derinliklerinde hissettiğim bir tebessüm bu. Dudaklarımı kıvırmakla kalmayan, moralimi de düzelten bir tebessüm… Bir bakıma bu özel anı paylaşmalarını sağladım. Ağaç olmasaydı geçmişe gidemeyecek, sıra dışı gibi görünen sıradan bir anın tadına varamayacaklardı. Kendi adıma da aynısını diliyorum. Stacey ve ben ilişkimize daha net bir şekilde bakmalıyız. Belki o zaman bir çıkış yolu bulabiliriz.

Ayak seslerimi duyan Bobby başını kaldırdı. "Joy!" Hediyeyi sallarken bir an için durdu. "Bizimle birlikte yaşlıları ziyarete gelecek misin?"

"Ne demek istiyorsun?"

"Ona nereye gideceğimizi söyle, baba."

"Kilise, huzurevinde bir kahvaltı düzenleyecek," diye açıkladı Daniel.

Tatillerde ben de öyle yapardım. Annemin uzun zaman önce başlattığı bir gelenekti bu. Çocukluğum boyunca Noel arifelerinde öğleden sonralarımı huzurevindeki Büyükanne Lund'la birlikte geçirmiştim. Yetişkinliğimde de tatillerde ziyarete giderdim.

Kader.

Daniel, Bobby'yle bana, "Acele etseniz iyi olur," dedi. Ben hemen odama koşup dağınık saçlarımı taradım ve dişlerimi fırçalayarak yatağımı topladım. Sonra hep birlikte pikaba gittik.

Noel ışıkları ve günün erken saatlerinde yağan yağmurun etkisiyle kasaba suya ve ışığa bürünmüş. İnsanlar kaldırımları doldurmuş, arabalar yolları tıkamış.

Daniel aracı bir otoparka çekip durdu. Yağmurun Gölgesi Dinlenme Evi'ne geldik. Burası geniş bir arsanın arka tarafında yer alan çok sevimli, küçük, tuğla bir bina. Şimdi yapraklarını dökmüş olan birkaç yaşlı ağaç yan tarafları kuşatmış, devasa orman gülleri ve açelyalarsa ön tarafı sarmış. Noel ışıkları pencereleri çevrelemiş ve bütün mumları yanmakta olan yedi kollu bir şamdan da pencere pervazında duruyor.

Huzurevinin içinde herkes koşturmaca halinde. Lobide beyaz önlük giymiş çok sayıda görevli, tekerlekli sandalyedeki insanları "Noel Arifesi Kahvaltı Etkinliği"nin yapılacağı salona doğru götürüyor.

"Ben arkadaşlarımı bulup kahvaltının hazırlanmasına yardım edeceğim. Siz de insanların masalara oturmasına yardım edin, olur mu?" dedi Daniel bize.

Bobby, "Ben Bay Lundberg'i getirmeye gidiyorum!" diye haykırdı ve koridoru koşarak geçti.

Daniel'a bir şey sormak için döndüğümde gittiğini gördüm ama onun yönlendirmesine ihtiyacım yok. Huzurevlerinde yeterince zaman geçirdim, nasıl yardım edeceğimi biliyorum.

Kalabalık koridordan geçip odaların içine baktım. Şu anda çoğu boş. Koridorlar bu nedenle bu kadar kalabalık.

Binanın arka tarafında tek başına sandalyesinde oturan bir kadın buldum. Yüzü dışarıya bakan pencereye dönük. Pembe, fırfırlı bir elbise giymiş ve kar beyazı saçlarına bir kurdele takmış. Küçük, kalp şeklindeki yüzü kırışıklarla dolu ve parlak kırmızı ruju dudak çizgisiyle pek uyumlu değil. Ama gözlerine bakılınca bir zamanlar trafiği durduracak güzellikte bir kadın olduğu anlaşılıyor.

Küçük odaya adımımı atıp, "Merhaba," dedim. "Mutlu Noeller. Kahvaltıya gitmek istiyor musunuz?"

Kadın yanıt vermedi. Belki de çok alçak sesle konuştum. Odaya girip yatağın yanından geçtim ve kadının önünde diz çöktüm.

Bir şeyler mırıldanarak elindeki kırmızı saten kurdeleyle oynuyor. İnce kumaş parçasını yumrular ve damarlarla dolu parmaklarına sarmış.

"Merhaba," dedim ona gülümseyerek. "Sizi kahvaltıya götürmeye geldim." Kelimeleri yüksek sesle söylemem gerekti.

Kadın kaşlarını çattı ve parmakları sabitlendi. Gözlerini kırpıştırarak bana baktı. "Vakit geldi mi?"

"Kahvaltı on dakika içinde başlıyor."

"Kız kardeşim ziyaretime gelecekti."

"Sizi yemek salonunda beklediğinden eminim." Ayağa kalkıp ona elimi uzattım.

Başını kaldırıp bana bakınca o küçük suratında gözleri kocaman göründü. "Yürüyecek miyim?"

"Size yardım edeyim." Kadının ayağa kalkmasına yardım ettim ve kolumu beline sardım. Çok kolay oldu. Kadın inanılmaz derecede narin. Birlikte ağır ağır hareket ederek koridoru geçtik. Şimdi kalabalık biraz azalmış. Ortalıkta dolanan yalnızca birkaç kişi var.

Beyaz önlük giydiği için hemşire ya da hasta bakıcı olduğunu tahmin ettiğim bir kadın bize bakarak kaşlarını çattı. "Bayan Gardiner?"

Yanımdaki kadın koluma daha da sıkı tutunarak, "Laleleri ekme vakti geldi," dedi.

Yemek salonuna doğru yürüyüp döndük ve içeri girdiğimiz anda bütün bakışların bize çevrildiğini fark ettim. Nefesler tutuldu. İri yarı bir hemşire bize doğru koştu. "Bayan Gardiner, burada ne işiniz var? Bir asistanın size tekerlekli sandalye getireceğini biliyordunuz."

Kadının ayakta durmasını sağlarken, "Kolayca yürüdü," dedim.

"Kız kardeşim nerede?" diye haykırdı kadın, hemşireye bakarak.

"Bakın, Bayan Gardiner, Dora'nın gittiğini biliyorsunuz. Ama oğlunuz ve torunlarınız burada." Hemşire salonun arka taraflarında ikiz kardeşlerin arasında oturmakta olan kır saçlı, yakışıklı adamı işaret etti. Bizi gördüklerinde üçü birden ayağa kalktı. Gözyaşlarını buradan bile görebiliyorum.

Adam yanımıza koşup annesinin elini tuttu. "Merhaba, anne." Sesi titriyor.

"Dora nerede?" diye sordu kadın.

"Yapma, anne... Torunların burada işte." Adam annesinin koluna girip onu masalarına götürdü.

Yanımdaki hemşire başını iki yana sallayıp cık cıkladı. "Zavallı Bayan Gardiner..."

Başka bir hemşire gelip yanımda durdu. "Günlerini kız kardeşini bekleyerek geçiriyor."

"Çok üzücü. Dora öleli on beş yıl oluyor."

Hemşirelerden uzaklaşıp yardım etmek için büfenin olduğu yere gittim ama gönüllüler yemeklerin arkasına çoktan sıra sıra dizilmiş.

Bana yer yok.

Sanırım bulaşıklar bana kalacak. Gözlerim Bobby'yi aradı ama onu göremiyorum. Kapıda durduğum yerden Daniel'ın dikkatini çekmeye çalıştım ama onu da başaramadım. Tabağını fırında patatesle dolduran yaşlıca bir adamla koyu bir sohbete dalmış.

Artık sessizliğe gömülen koridora çıktım. "Bobby?"

Yanıt alamayınca onu aramaya koyuldum.

Onu dinlenme odasında tek başına oyuncaklarıyla oynarken buldum. Ağzıyla yaptığı efektleri daha odaya girmeden duyabiliyorum.

"Merhaba, ufaklık. Ne yapıyorsun bakalım?"

Bobby bana zar zor baktı. "Ben çok küçüğüm."

Arkasındaki ekose desenli kanepeye oturdum. "Ama çok yakında büyüyeceksin."

Bobby dizlerini kırıp oturdu. Oyuncakları devrildi, unutuldular. "Annem bana hiçbir zaman küçük olduğumu söylemezdi. Sofrayı kurmasına yardım etmeme izin verirdi."

"Gel buraya, Bobby." Yanıma oturmasını işaret ettim. Hemen kanepeye atlayıp bana sokuldu. "Yardım etmek istediğini babana söyledin mi?"

Bobby perişan bir ifadeyle başını iki yana salladı.

"İnsanlara nasıl hissettiğini söylemelisin..."

"*Özür dilerim," diyor Stacey.*

Bu anı beni sarstı. Ansızın başım zonklamaya başladı. *Onu dinlemeliydim...*

"...ve onlara bir şans vermelisin."

"Çok zor," dedi Bobby.

"Bu konuda benimle tartışma, ufaklık." Kız kardeşimi aramaya karar verdiğimde o güne dek hiçbir konuda bu kadar zorlanmadığımı fark etmiştim.

Daniel içeri girdi. "Demek buradasınız... Her yerde sizi aradım."

Bobby'nin başının üzerinden ona gülümsedim. "Sofra kurulurken yardım edemeyecek kadar küçük olduğu için üzülmüş."

Bobby destek almak için bana baktı. Benden onay alınca tekrar babasına döndü ve usulca, "Annem yardım etmeme her zaman izin verirdi."

"Affedersin, Bobby. Sanırım bu babalık konusunda öğrenmem gereken daha çok şey var."

"Joy da öyle diyor."

Daniel buna şaşırdı. "Bu Joy çok zeki bir kadın. Ama şimdi kiliseye gitmeliyiz, oğlum."

"Öyle mi?" dedi Bobby usulca.

"Korkacak bir şey yok," dedi Daniel. "Elini hiç bırakmayacağım. Annen için bir mum yakacağız. Görse çok hoşuna giderdi."

Bobby babasına, "Beni bırakıp gitmeyeceksin, değil mi?" diye sordu.

"Gitmeyeceğim," diye söz verdi Daniel.

Bobby bana baktı. "Sen de yanımda olacak mısın?"

"Elbette."

Bobby derin bir iç çekti. "Tamam. Haydi, gidelim."

Işıklar içindeki kilise masmavi gökyüzünün altında küçük, beyaz bir pırlantayı andırıyor.

Daniel ve ben Bobby'yi aramıza alarak ön taraftaki yürüme yoluna geçtik. Etrafımızdaki insanlar sohbet ederek kilisenin merdivenlerinden çıkıyor.

"Gitme, baba."

"Gitmiyorum," dedi Daniel.

Birbirlerine iyice kenetlendiler. *Oz Büyücüsü*'ndeki Dorothy, Korkuluk ve Korkak Aslan gibi temkinli adımlarla basamaklara doğru ilerledik ve hepimiz aynı anda merdivenlerden çıkmaya başladık.

Kapıda duran yaşlıca bir rahip, Bobby'yi görünce gülümsedi.

"Tekrar hoş geldin, küçük Robert," dedi ışıldayan gözlerle. "Seni özledik."

Bobby yanıt olarak başını sallasa da hiç yavaşlamadı. Ne kadar gergin olduğunu görebiliyorum ama yürümeye devam ediyor. Adım adım ilerliyor.

Korkularıyla küçük yaşta savaşmayı öğrenen bu çocukla gurur duyarak, "Sen çok cesur bir çocuksun," dedim.

Bobby bizi arka taraftaki sıralardan birine yönlendirdi. Kapıya yakın olmak istediğini biliyorum. Daniel ve ben ona destek olarak iki taraftan güvende olmasını sağladık.

İnsanlar kiliseye girip sıraları doldururken Bobby yeni kesilmiş bir kütük kadar sağlam durdu. Tören başlayıp arkamızdaki kapılar kapanana kadar da oturmadı.

Sıralar dolup kapılar kapanana ve rahip cemaati kutsayana kadar dua etmeyi ne kadar özlediğimi fark etmemişim. Annemin cenazesinden beri kiliseye gitmedim.

Sonraki bir saat boyunca ayağa kalkıp diz çöktük, sonra tekrar ayağa kalktık ve söylenen her kelimede, okunan her duada bir parçamın daha geri döndüğünü hissettim.

*Rabb'in Duası'*nın sonuna gelindiğinde Bobby babasına bakıp, "Annem buradan sesimi duyar mı?" diye sordu.

"O seni her yerden duyar," diye yanıtladı Daniel.

Bobby yüzünü ovuşturup, "Sana kızdığım için özür dilerim, anne," dedi tek solukta.

Daniel'ın iç geçirdiğini duydum. "Ah, Bobby..."

Babasına bakarken Bobby'nin gözleri yaşardı. "Anneme ondan nefret ettiğimi söylemiştim."

Daniel oğlunun yüzüne dokunup gözyaşlarını sildi. "Onu ne kadar çok sevdiğini biliyor, oğlum. Aptalca kavgalar fikrini değiştiremezdi."

Bunlar Bobby'nin duymak istediği sözler. İlk kez gerçekten gülümsediğini görüyorum. Yüzü aydınlandı ve eğri büğrü, eksik, yarısı çıkmış dişleri göründü.

İlahi başladığında Bobby ilahi kitabından doğru yeri bulup berrak ve yüksek bir sesle babasına eşlik etti.

Törenin geri kalanında yan yana ve el ele durdular. İlahiye coşkulu bir şekilde eşlik etmelerini izledim ve bu halleri yüreğime dokundu.

Yeni bir başlangıç...

Bunu görebiliyorum. Karmakarışık yeni başlangıçlar ve çapraşık sonlarla dolu hayallerime rağmen her şey bu kadar basit olabilir; bir çocuğun yeniden ilahi söylemesi gibi...

Özür dilerim.

Bunun üzerine gözlerimi kapattım. Tekrar açtığımdaysa tören bitmişti. İnsanlar toplanıp tokalaşıyor, birbirleriyle konuşuyorlar. Al yanaklı bir adam bana dönüp gülümsedi. "Bugün nasılsınız?"

"İyiyim. Esen kalın." Gülümsemeden edemiyorum. İçim mutlulukla doldu. Bu duyguyu unutmuşum.

Kalabalığı takip ederek kilisenin arkasındaki otoparka gittik. Victoria tarzı kıyafetler içinde bir grup, Noel ilahileri söylüyor. Gönüllüler köpük bardaklarda sıcak şarap ve sıcak yemişlerle dolu küçük torbalar dağıtıyor.

Bizse kalabalığın gerisinde durup ilahi söyleyenlerin güzel seslerini dinliyoruz.

"Ben göremiyorum, baba. Beni kucağına al."

Daniel, Bobby'yi kucağına aldı.

Daniel'a yaklaştım. Etrafımız ilahi söyleyenleri dinleyip kendi aralarında fısıldaşarak sıcak şaraplarını yudumlayan insanlarla çevrili olsa da Daniel'ın sessiz ve düzenli nefes alıp verişini duyabiliyorum.

Nefes alıp verişlerinin ritmi kalp atışlarımla uyumlu.

Aklımdan şöyle geçirdim: *İşte bu*. Benim sıram geldi. Son birkaç günde bir şey öğrendiysem o da mutlu olmak için mücadele etmek gerektiği. Bu gece ona açılmalıyım çünkü atıldığım bu macera yarın sona eriyor. Bu düşünceyle kalbim küt küt atmaya başladı. Başıma bir ağrı girdi. İstediğim şeyi almaktan hayatım boyunca korktum.

Ama bu kez korkmayacağım. Paniğin bana engel olmasına izin vermeyeceğim.

Ona döndüm. "Daniel."

Korodakiler başka bir ilahiye geçti. Müziği biliyorum ama şarkıyı çıkaramıyorum. Bir sorun var. Kafamın içinde bir uğultu yükseliyor, gözlerim kararıyor.

Sesimi yükselterek, "Beni duyuyor musun?" dedim. Daniel bana bakmayınca ona dokunma cesaretini gösterdim. "DANIEL!" Ansızın ismini haykırıp ona tutunmaya çalıştım.

"Joy?" Bobby bana baktı. "Ne oldu?"

Bobby'nin ne kadar korktuğunu görebiliyorum. O da benim ne kadar korktuğumu görebiliyor.

"Bir terslik var," dedim. Onlardan uzaklaşıyorum ama aslında yapmak istediğim şey bu değil. Geri dönmek için çabalıyorum, her yerde insanlar var. Kalabalığın arasında Stacey'yi gördüğümü sanıyorum. Ağlayarak bir şeyler söylüyor ama onu duyamıyorum. Buraya gelmiş olamaz çünkü nerede olduğuma dair hiçbir fikri yoktu.

Kulağıma bir uğultu geliyor. İnsanların konuşup haykırdığını duyabiliyorum.

Bizi bırakma, Joy.

Bobby bu... belki de değil.

Elimi uzatıp Daniel'ın kolunu tuttum. "Yardım et."

"Ona yardım et, baba!"

"Joy?" Daniel adımı fısıldadı ya da en azından ben fısıldadığını düşünüyorum. Kulaklarımdaki uğultu yüzünden hiçbir şey duyamıyorum.

Kalbim acıyor.

Koro başka bir ilahiye geçti. Seslerini duyabiliyorum: "Berrak bir gece yarısı yükselmişti..."

BERRAK.

"...o muhteşem şarkı..."

BERRAK.

Bobby çığlık atarak bana uzandı. "Joy, söz vermiştin. Söz vermiştin..."

BERRAK.

Göğsümde hissettiğim acı bütün vücudumu sarstı ve dünya tersine döndü.

İkinci Bölüm

"Siz var olan şeyleri görür ve şöyle dersiniz: 'Neden?'
Oysa ben hiç olmayan şeyleri hayal eder
ve derim ki: 'Neden olmasın?'"
—GEORGE BERNARD SHAW

Gözlerimi tekrar açtığımda uğultulu sesler çıkaran, parlak, beyaz bir ışıktan başka bir şey göremiyorum. Yataktayım ama 1A numaralı odadaki yatağım değil bu. Tepemdeki beyaz fayanslarla kaplı tavanda uzun floresan lambalar var.

Etrafım insanlarla çevrili. Turuncu önlükleriyle birer dansçı misali odanın içinde dolanıp duruyorlar. Birbirleriyle konuştuklarını görsem de ne dediklerini anlamıyorum. Kulağımdaki uğultudan ve kıyıya vuran dalgaların sesini andıran makine sesinden başka bir şey duymuyorum.

Her iki tarafımda da gürültülü makineler var. Ekrana yansıyan grafikteki dalgalanmaları görüyorum.

Hastanedeyim.

Parkta yere yığılmış olmalıyım. Yoksa kalp krizi mi geçirdim? Odayı daha iyi görebilmek için kımıldanıp doğrulmaya çalıştım ama kollarım ve bacaklarım ağırlaşmış.

"Bobby?" diye mırıldandım ve konuşmaya çalışınca boğazımın yandığını hissettim. Susuzluktan boğazım canımı yakacak derecede kurumuş. "Daniel?"

"Merhaba, Joy. Seni gördüğüme sevindim."

Adamın yüzü gözümün önünde âdeta yüzüyor. Odaklanmaya çalışıyorum. Onu parça parça görüyorum; kar beyaz saçları... yanık teni... mavi gözleri... pırlantaya benzeyen işitme cihazı...

Benzin istasyonundaki adam bu.

"Burada ne?.." Burada ne işinin olduğunu sormak istiyorum ama dilim dönmüyor.

Boğazımın acısını yatıştırmak için bana bir buz parçası verdi. "Konuşmaya çalışma, Joy. Boğazına hortum takıldı, ağrıması normal. Ben Doktor Saunders. Hepimizi korkuttun."

"Kim?.." *Kimsin sen?* Ne olduğunu anlamıyorum ve çok korkuyorum.

"Şimdi biraz dinlen."

Odadakiler onları duymamam için kendi aralarında fısıldaşıyorlar. Yüzleri bulanık daireler halinde görünüyor ve hepsi de kaşlarını çatmış, beni gösteriyor. Başlarını sallıyorlar. Birer birer odadan çıktılar.

Ayak seslerinin uzaklaştığını, kapıların açılıp kapandığını duyabiliyorum.

Sonunda yalnızca *tık vız; tak tuk* ve *bip bip bip* diye sesler çıkaran makineler kaldı. Yapayalnız ve kımıldayamaz bir halde bu yabancı tavanı izliyorum.

Zavallı Bobby... Çok korkmuş olmalı.

Seni terk etmeyeceğim.

Ama işte hastanedeyim.

Ona gülümseyip iyi olduğumu söylemek için burada, yatağımın yanında olmasını istiyorum.

Arkamda tekrar bir kapı açılıyor ve ayak sesleri bana doğru yaklaşıyor.

Bobby bu. *Tanrı'ya şükür.*

İçimi tatlı bir huzur kapladı. Onu bırakıp gitmediğimi biliyor. *İyiyim. İyiyim.* Kafamın içindeki itiraz sesleri çok açık ve net ama çatlamış, kuru dudaklarımın arasından ancak bir fısıltı şeklinde dökülebildiler ve o anlamsız ses bile beni yordu. İyi olduğumu göstermek için konuşmak yerine elimi kaldırmaya çalıştım.

"Joy?"

Farklı bir ses bu, bir çocuğun sesi değil. Başımı çevirmem çok vaktimi aldı ve çevirdiğimde de yastık kabararak sol gözümün görüşünü engelledi.

Yine de gelen kişiyi görebiliyorum.

Dibine kadar kullanılmış bir kurşun kalem gibi küçülmüş sanki. Gözleri şişmiş ve kızarmış. Yanaklarında gözyaşlarının izleri var.

Stacey.

Anlam veremiyorum. Burada ne işi var. Beni nasıl bulmuş?

"Burada ne?.."

Bana yaklaşıp ıslak saçlarımı gözlerimin önünden çekti. Tepki vermemden korktuğu için hafifçe dokundu ve ben daha dokunduğunu bile hissedemeden elini çekti. "Çok korktum."

"Beni nasıl... buldun?"

Bana yanıt verdiğini görüyorum ama bu işte bir terslik var. Kulaklarımdaki uğultu yüzünden hiçbir şey duymuyorum. Başım zonkluyor. Ona Bobby'yle Daniel'ın nerede olduğunu sormak istiyorum ama sesim çıkmıyor. Söyleyebildiğim tek kelime, "Nerede?" oluyor.

"Seni uçakla Bakersfield'a getirdiler. Evindesin."

"Ev mi?" Bu soru ağzımdan çatırdayarak çıktı sanki. Anlamıyorum. Peki, Noel arifesinde miyiz?"

"Hayır, çok üzgünüm. Tatilleri ne kadar sevdiğini biliyorum."

"Bugün ayın kaçı?"

"Ayın on üçü. Geçtiğimiz iki hafta senin için çok zor geçti ama doktorlar iyileşeceğini söylüyorlar."

Kelimeler Stacey'nin ağzından âdeta saçılıyor, hepsini bir anda algılayabilmem imkânsız.

"Daniel?"

Stacey kaşlarını çattı. "Ne dediğimi duydun mu, Joy? Bir uçak kazası geçirdiğini hatırlıyor musun? İtfaiyeciler seni patlamadan birkaç dakika önce kurtarmış. Doktorlar hafızanı kaybedebileceğini söylediler."

Seni kurtardılar. İtfaiyeciler...

İyi ama ben olay yerinden kaçmış, paramparça olan hayatımı geride bırakıp bir maceraya atılmıştım. Beni kurtaran birileri varsa onlar da Bobby ve Daniel'dı. Tüm bunlara itiraz etmek için başımı iki yana sallamak istiyorum ama yerimden kımıldayamıyorum. "Hayır."

"Kafa travması geçirdiğin için on gün ilaçla uyutuldun."

Kafa travması.

Kız kardeşimin sözleri bende soğuk duş etkisi yarattı. Kazadan beri burada, bu hastane yatağında olduğumu söylüyor. Anlamıyorum, neden bana yalan söylesin ki? Kaçtığım ve öldüğümü düşünmesine izin verdiğim için mi?

"Joy? Ne hatırlıyorsun?"

Daniel ve Bobby...

Kaçış...

Kumsalda ateşin başında dans edişimiz...

Kalbim öyle hızlı atıyor ki nefes alamıyorum. Yanımdaki makine sinyal vermeye başladı. Stacey'yi suçlarcasına, "Yalan söylüyorsun," diye mırıldandım. Bu sözler ve onları söylemek için harcadığım çaba yüzünden boğazım alev alev yandı.

Çok uzaklardan kız kardeşimin birilerine seslendiğini duyar gibi oluyorum.

Bir iğne gördüm.

"Çırpınma artık," dedi kız kardeşim. "Kendine zarar vereceksin."

Lütfen yalan söylemiş ol.

Gözlerimin kapandığını, karanlığa gömüldüğümü hisse-diyorum. Kafamın içindeki korkunç sesler sabitlendi.

Yalan söylüyor.

Yağmur ormanlarının üstünde uçuyor, parlak ışıklarla süs-lenmiş kasabaya bakıyorum. Çok uzak bir mesafeden siyah asfalt yolu görüyorum ve ay ışığının aydınlattığı orta şeridi takip ediyorum.

Bu defa rüya gördüğümü biliyorum. Tepemdeki floresan lambanın vızıltısını ve yatağımın yanındaki makinenin uğul-tusunu duyuyorum. Serum damlaları kanımda belli belirsiz bir kıpırtı yaratarak beni heyecanlandırıyor. Belli ki şiddetli bir acıyı maskeliyorlar ve o acı öyle güzel maskelenmiş ki hiçbir şeyi önemsemiyorum.

Gümüş rengi bulutların arasında durduğum yerden bulanık gölün yanı başındaki Huzurlu Balıkçı Kulübesi'ni görebiliyorum. Ay ışığı suyu ışıldatıyor.

Olmak istediğim yer orası. Gözlerimi kapatıp gerçek ol-masını diliyorum.

Gözlerimi açtığımda lobide, duvara yaslanmış halde duruyorum. Odadaki süsler kaldırılmamış. Ağacın ışıkları yanıyor, şömine rafındaysa karlı kasaba kartpostallarının ara-sında birkaç mum var. Müzik setinden *Santa Claus is Coming to Town* şarkısının Bruce Springsteen versiyonu yükseliyor.

Üst kattan gelen ayak seslerini duyuyorum. Tam tepem-deki koridordan biri geçerken evin her yanı gıcırdıyor. Sonra merdivenlerden gelen ayak seslerini duyuyorum.

Bu Bobby. Noel sabahı telaşına kapılmış.

Merdivenleri indikten sonra sola dönüp yanımdan geçerek 1A numaralı odaya giriyor.

Kapıyı ardına kadar açıp, "Joy!" diye haykırıyor ve içeri giriyor.

Bobby'nin yatağın yanında durduğunu gözümde canlandırıyorum. Kederimden altüst olarak yine nefes almakta güçlük çekmeye başlıyorum.

Daniel merdivenlerden inip yanımda duruyor. Sıcaklığını hissetmek istiyorum ama bir türlü olmuyor. Yanağındaki yastık izlerini görebilecek, nefesini duyacak kadar yakınındayım. Yine de ondan kilometrelerce uzaktaymış gibi hissediyorum. "Oğlum? Doğruca ağacın yanına gideceğini sanıyordum."

Bobby tekrar koridora çıkıyor. Her nasılsa olduğundan daha küçük, daha çocuksu görünüyor. Omuzları düşmüş, dudakları titriyor. Ağlamamak için ne kadar büyük bir çaba gösterdiğini görebiliyorum. "Gitmiş."

Bobby'nin yanına gitmek istiyorum ama duvardan uzaklaşamıyorum. Bacaklarım hantallaşmış.

Bobby hayal kırıklığı içindeki bütün çocuklar gibi sinmiş bir ifadeyle babasının yanına gidiyor. "Söz vermişti. Annem gibi o da gitti."

Çaresizce ona ulaşmaya çalışarak, "Buradayım," diyorum. "Gitmedim."

Daniel, Bobby'ye sarılıyor. Bobby'nin ağladığını görebiliyorum ama ağlamayı çok küçük yaşta öğrenen ve gözyaşlarını gizlemeye çalışan her çocuk gibi sessizce ağlıyor.

Bobby geri çekildiğinde gözleri kızarık ve ıslak.

Daniel oğlunun gözyaşlarını nazikçe silerek, "Doktorun ne söylediğini hatırlıyor musun?" diye soruyor. "Hayalî arkadaşının artık onu düşünmediğin zaman gideceğini söylemişti."

"O hayal ürünü değildi, baba." Bobby başını iki yana sallıyor. "Hayal değildi. Sen de onunla konuştun."

"Doktorlar bana onu gerçekten görüyormuşum gibi rol yapmamı söylemişti."

Yumruk yemiş gibi hissediyorum.

Ben Bobby'nin hayalî arkadaşıydım.

Daniel beni hiç görmemişti.

"Bu doğru değil," diye haykırıyorum ama bu sözler dudaklarımdan dökülürken bazı şeyleri hatırlıyorum. Daniel'ın bana hiç bakmadığı ya da konuşmadığı zamanları... Benimle konuştuğundaysa rol yapıyormuş. Doktorun önerisiyle, Bobby sevildiğini hissetsin diye... Dans ettiğimiz zamanki gibi... Bobby'nin beni işaret ettiğini şimdi hatırlıyorum. *İşte şurada, baba. Dans et onunla.*

"Benimle konuşabilirsin, Bobby," diyor Daniel sesi çatlayarak. Bütün bu olanlar yüzünden kafasının nasıl karıştığını ve ne kadar korktuğunu görebiliyorum.

"Bana inanmıyorsun," diyor Bobby inatla. Topuklarının üstünde dönüp Noel ağacının yanına giderek önüne oturuyor.

Bobby'nin hareket etmesiyle ben de rahatlıyorum. Onu izliyor, nereye gitse ben de onun peşinden gidiyorum.

Bobby ağacın önünde diz çökünce ben de daha önce pek çok kez yaptığım gibi şöminenin kenarına oturuyorum. Sol tarafımdaki oyun masasında Candy Land tahtası hâlâ açık duruyor. Tahtanın üstünde üç taş var.

Ben Joy'un yerine oynarım, baba.

Şimdi bir taş daha yerine oturdu. Bobby'yle birlikte ne zaman oyuncaklarla oynasak benden Frodo olmamı ve yüzüğü takmamı istiyordu.

Frodo'yu görünmez yapan yüzüğü...

Bobby ağacın altına uzanıp küçük bir paketi alıyor. Kabaca paketlenmiş, silindir şeklinde bir şey bu ve her iki ucunda da kurdeleler var.

Bobby ve ben aynı anda nefeslerimizi tutuyoruz. Ne de olsa bu benim imkânsız görünen yolculuğumun kanıtı.

"Bak, baba. Bu Joy'dan..."

"Bobby..."

"Açsana."

Daniel silindiri avuçlarının arasına alıyor. Uzun, bronz parmaklarının arasında silindir küçük ve her an kırılabilirmiş gibi görünüyor. Ambalajı dikkatlice açıp listeyi çıkarıyor ve okurken kaşlarını çatıyor. Sonra Bobby'ye bakıyor. "Bunu nasıl yaptın?"

"Bu sana Joy'un hediyesi. Bana ne yazacağımı o söyledi."

Daniel tekrar listeye bakıyor.

Ben buradayım.

Buradayım.

Daniel artık Bobby'ye inanacak.

Oğluna bakıyor. "Bunu kendi başına yapmışsın," diyor usulca. "Lütfen itiraf et."

"Tek başıma yapamazdım, baba," diye karşılık veriyor Bobby içtenlikle.

Ardından gelen sessizlikte Daniel etrafına bakınıyor. "Peki, o şimdi burada mı?"

"Hayır, parkta kayboldu."

Mümkün olduğunca yüksek bir sesle, *"GÖR BENİ!"* diyorum.

Daniel kaşlarını çatıyor. Bu olayın kafasını karıştırdığı belli. O listeyi Bobby'nin tek başına yazmadığını biliyor ama benim varlığıma da inanmıyor. Nasıl inansın ki?

"Lütfen bana inan," diye fısıldıyor Bobby. "Bu annem ya da Bay Patches gibi değildi. Yemin ederim, öyle değildi."

Daniel elindeki listeye bakıyor. Kâğıt biraz titriyor ama titreyen kendisi gibi. Sonra da oğluna bakıyor. "Bir mucizeye inanmamı bekliyorsun."

Bobby'nin başını sallaması babasının gözlerini yaşartıyor ve benimkileri de... "Annem bana inanırdı."

"Ama..."

"Boş ver." Bobby iç çekiyor. Korkunç, can sıkıcı bir ses bu. Yenilgisini görebiliyorum.

Daniel sonunda, "Pekâlâ, ben bir İrlandalı'yım," diyor. "Biz yeterince deliyizdir."

Bobby derin bir soluk alıyor. Bu kez çıkardığı ses, umudun sesi. "Büyükannem hep kurabiye kavanozunda bir cücenin yaşadığını söylerdi."

Daniel bu sözler karşısında gülümsüyor. "İşte, ben de onu diyorum. Belki senin için inanmaya çalışabilirim, oğlum. Ama bana yol göstermelisin."

"Gerçekten mi?"

"Gerçekten."

"Peki, sana nasıl yol göstereceğim?"

Daniel omuz silkiyor. "Bana ondan bahset. Sana inanıncaya kadar anlat."

Bobby kendini babasının kollarına atıyor.

Daniel'ın oğluna çaresiz bir sevgiden doğan bir şiddetle nasıl sarıldığını görüyorum. Bobby geri çekildiğinde ikisi de gülümsüyor.

Beni gör, diye mırıldanıyorum. Bunu öyle çok istiyorum ki göğsüm ağrımaya başlıyor. *Lütfen.*

"Artık hediyeleri açabilir miyiz?"

"Evet."

Bobby ağacın yanına koşup hediyeleri dağıtmaya başlıyor. Hediyelerin çoğu sehpanın üstünde bir yığın halinde toplanmış. Bobby son olarak ağacın en diplerine uzanıp turuncu Doktor Seuss kitabını çıkarıyor. Tam ortasında sarı bir kurdele var. Kitabı dikkatlice taşıyıp kanepede oturan babasına uzatıyor.

"Bana en sevdiğin kitabını mı veriyorsun, oğlum?"

"Hayır." Bobby, Daniel'ın yanına oturup kitabı açıyor.

Daniel kaşlarını çatarak, "Sana okumamı mı istiyorsun?" diye soruyor. "Şöyle yapsak..."

"Sessiz ol. Düşünmeliyim." Bobby yüzünü ovuşturup güzelce odaklanıyor ve sonra ağır ağır okumaya başlıyor. "Ben... Sam. Sam... benim..."

"Bobby."

"Sus, baba. 'Ben... yeşil... yumurtayı... ve... jambonu... sevmem'."

Kekeleyerek okuyan Bobby'nin o tatlı sesini dinliyorum ama Daniel'a bakıyorum. İlk başta dimdik, kontrollü bir şekilde oturuyordu ama oğlu kelimeleri okudukça rahatladığını görüyorum. İfadesi bir anda yumuşadı; yeşil gözlerindeki o bakış, geniş omuzları ve kaskatı duran omurgası...

Sevgi. Daha önce sevgiyi hiç bu kadar net bir şekilde görmemiş, çaresizce özlemini çekmemiştim.

Ben de bunun bir parçasıyım, diyorum onlara. *Beni de görün.*

Bobby kitabı bitirince babasına dönüyor. "Ağlıyorsun. Kötü mü okudum?"

Daniel oğlunun yanağına dokunuyor. "Annen görse seninle gurur duyardı."

Benim de gözlerim yaşardı ve her şey bulanık görünmeye başladı ama bundan memnunum. İçinde bulunduğum bu ana bütünüyle odaklanmak istemiyorum.

"Joy her gün okumama yardım etti."

Daniel uzunca bir süre oğluna bakıyor. "Öyle mi? Demek bu işte senin Joy'unun da katkısı var."

"Onu özlüyorum, baba."

"Biliyorum ama şu anda benimle idare etmen gerek ve ben her zaman senin yanında olacağım."

"Söz mü?"

Bobby'nin sesindeki korkuyu duyabiliyorum ve bu sesin ne anlama geldiğini de biliyorum. Bobby'nin en büyük korkusu bu: yalnız kalma korkusu. Benim de Hope'a gitmek üzere o uçağa binmeme sebep olan korkuydu bu.

"Söz veriyorum."

Öne eğildim. Daha fazla kımıldayamıyorum. "Benim varlığıma inanın," diyorum çaresizce. Beni kalpleriyle görmelerini diliyorum. Tamamen odaklanıp tekrar tekrar aynı şeyi düşünüyorum: *İnan.*

Bu çaba, sahip olduğum her şeyi benden alıyor. Sonunda güçlükle nefes alabiliyorum. Kalp atışlarımın yeniden hızlandığını duyuyorum. Dünya bulanık ve belirsiz bir yere dönüşüyor.

Kayboluyorum.

Kayboluyorum.

Tutunacak bir şey aradım.

Fakat hiçbir şey bulamadım. Sonunda gözlerimi kapatarak bir çağlık attım: *Hayır!*

Gözlerimi tekrar açtığımda parlak beyaz ışıkları gördüm. Yanı başımda bir hemşire duruyor. Rüyamda doktorun odasında "karşılaştığım" kadın bu.

"Bugün nasılsın bakalım?" diye sordu çok tanıdık bir sesle.

"İyiyim," demeyi başardım, gözlerimi tekrar kapatarak. Yağmur ormanlarına dönmek istiyorum ama karanlıktan başka bir şey göremiyorum.

Beni yine ilaçla uyutmalarını istiyorum.

Fakat şimdi tamamen uyanmış durumdayım ve yatağımda oturuyorum. Etrafımda o kadar çok insan var ki arkalarındaki duvarı göremiyorum. Göremediğim bir pencereden yansıyan ışık, tavanı aydınlatmış.

Yağmurun sesini dinliyorum.

Ama şimdi Bakersfield'dayım, tarih 31 Aralık ve dışarıda güneş ışıl ışıl parlıyor.

"Ne söylediğini anlamıyorum. Tekrar dene."

Etrafımda toplanan insanlar kaşlarını çatmış. Hepsini tanıyorum. Tabii ki Stacey de burada. Uyandığımdan beri yanımdan ayrılmadı. Yalnızca yemek yemek ya da Thom'u aramak için kısa süreliğine çıkıyor. Rüyamda gördüğüm hemşire de burada. Benimle özel olarak ilgilenen hemşire... Sağ bacağımı tedavi eden ortopedi uzmanı kilisedeki kırmızı yüzlü adammış. Bacağımı titanyum gibi bir şeyle birleştirmiş sanırım. Son zamanlarda hiç toplayamadığım zihnim içinse aynı şeyi söyleyemeyeceğim. Benzin istasyonundaki adam kardiyoloğummuş. Onun sayesinde hayata dönmüşüm ama bana sorarsanız hayatımı muhtemelen hiç var olmayan bir adama ve çocuğa borçluyum.

"Sağ bacağın dizinin tam altından kırılmıştı. Geçirdiğin beyin sarsıntısı da ciddi bir sarsıntıydı. Ödem oluşmasından endişelendik," dedi benzinci doktor. Ona artık Doktor Saunders demem gerek.

Beynimin büyümesiyle ilgili bir espri yapmak istiyorum ama kelimeler yetersiz kalıyor.

"Kısa bir fizik tedaviden sonra iyileşeceksin," dedi kız kardeşim. Doktorlar da bir arabanın arka koltuğunda oturan koca kafalar gibi aynı anda başlarını salladılar.

"Buz pateni yapabilecek miyim?" diye sordum ama Melinda Carter'ın dokuzuncu doğum günü partisinden beri buz pateni yapmadım.

Doktor Saunders kaşlarını çattı. Beklemediği bir soruydu. "Zamanla, evet, ama..."

"Sorun değil." Gülümsemeye çalıştım. "Eve ne zaman gidebilirim?"

Yine başlarını sallamaya başladılar. Bu soru hoşlarına gitti. "Bir süre dinlenmelisin," dedi Doktor Saunders.

Alçıdaki sağ bacağıma baktım. Şakası yok.

"Ama dikkatli olursan ve beklenmedik komplikasyonlarla karşılaşmazsak birkaç gün içinde taburcu olabilirsin."

Onlara gülümsemek istiyorum. Bunu gerçekten istiyorum. Eve gidebilmem için ne kadar uğraştıklarının farkındayım.

Tek başıma. "Bu harika."

Stacey'nin bana nasıl baktığını gördüm. Ne düşündüğümü biliyor. Aramızda yıllardır böyle bir bağ var ve ne öfkenin ne de ihanetin gücü o bağı yok etmeye yeter.

"Teşekkürler," dedim içtenlikle.

Hep birlikte odadan çıkıp beni Stacey'yle yalnız bıraktılar. İkimiz de konuşmuyoruz. Ne diyeceğimizi, nasıl başlayacağımızı bilemiyoruz.

Her şey bana bağlı, biliyorum. O beni düğününe davet ederek adımını attı. Burada yatmamın, makinelere bağlanıp eklemlerimin metal pinlerle kaynamasını beklememin sebebi bu.

Doğrulup yastıkları düzelttim ama doğrulduğum anda yanlış bir şey yaptığımı anladım. Artık Stacey'nin karnını görmemem mümkün değil. Şimdiden birkaç kilo almış.

Nereye baktığımı anladı. "Beni kapı dışarı etmemene şaşırdım," dedi usulca. Sesindeki özlemi, beni özlediğini fark ediyorum ve gençliğimize dair sayısız anıyı hatırlıyorum.

"Bu kilonla seni ancak bir mancınık kullanarak kapı dışarı edebilirdim."

Stacey hiç komik olmayan esprime gülmek istedi, bunu ne kadar istediğini görebiliyorum. Ama gülmedi. Belki de gülemedi. Ben de öyle... "O kadar da kilo almadım."

"İki bacağım da sağlam olsaydı kıçına tekmeyi basardım."

"Yeter," dedi Stacey. "Canın yandığında hep şakaya vurursun."

Ve işte yine karşıma çıktı, her şeyin temeli... Biz kardeşiz. Birbirimizi çok iyi tanıyoruz. Geçmişimizi, sırlarımızı, korkularımızı... Fırlatıp atmaya çalıştığımız ama gerçek anlamda asla kurtulamadığımız çok değerli bir armağan bu bizim için.

Stacey alt dudağını ısırdı. Korktuğu zamanlarda hep böyle yapar. "Affedersin, Joy. Nasıl oldu bilmiyorum. Seni incitmek..."

Elimi kaldırdım. Belki birçok konuda konuşabiliriz ama yaşadıklarımızın nasıllarını ve niçinlerini konuşabilecek durumda değilim. Ama müdahale etmekte geciktim. Stacey konuşmaya devam etti ve söyledikleri beni kızdırıp... canımı acıttı.

"Bir muz kabuğuna basmışsın da kocamın üstüne düşmüşsün gibi anlatıyorsun."

"Peki, ne yapacağız?"

Ses tonunun incelmesi, dudaklarının titremesi, gözlerindeki pişmanlık... Hepsini görüyorum ve bunları, yani onu görürken de o öfke kıvılcımı bir anda kayboluyor. Uçak düşerken düşündüğüm kişi Stacey'ydi. Artık bunu hiçbir zaman unutmamam gerek. "Bunu aşmanın bir yolunu bulacağız, o kadar."

"Sen kimsin ve ablama ne yaptın?"

"Şimdi de sen mi komik olmaya çalışıyorsun?"

Stacey korku ve minnet karışımı bir duyguyla bana baktı. "İki hafta önce benden nefret ediyordun."

"Ben senden hiçbir zaman nefret etmedim, Stacey." Bu kelimeleri usulca söyledim ve daha cümlemi bitirmeden yeterli olmadıklarını gördüm. Sinirlerim boşalmadan ona söylemek istediğim, söylemeye ihtiyaç duyduğum şey, yağmur ormanlarında öğrendiğim bir şey: "Biz kardeşiz."

Bu sözlerimin üstüne Stacey ağlamaya başladı.

Bir şey söylemesini bekledim ama sessizliğini bozmadı. Belki o da benim gibi bu noktadan sonra ne kadar ileriye gidebileceğimizi düşünüyordur. "Kolay olmayacak," dedim.

Stacey gözlerini sildi. "Nedir o?" Bir adım daha yaklaşarak bana baktı ve gözümün önüne düşen saç tutamını kenara çekti. "Çok üzgün olduğumu biliyorsun."

"Biliyorum." İç çektim. "Ben yağmur ormanlarındayken," dedim ve ne söylemek üzere olduğumu fark ederek hemen sustum.

"Yağmur ormanı mı?"

Gülümsemeye çalıştım ama başaramadım. "Sana anlatsam beynimin hasar gördüğünü ya da delirdiğimi sanırdın."

"Sen benim tanıdığım en aklı başında insansın."

Ne kadarını ona anlatabileceğimi düşünürken ona yakından baktım. "Televizyonda muhabirlere sana geri gelmemi ümit ettiğini söylüyordun."

Stacey kaşlarını çattı. "Nasıl?.."

"Bana cevap ver. Böyle bir şey söyledin mi söylemedin mi?"

"Söyledim. Uyanman ve bize geri dönmen için her gün dua ettim."

Sahte bir dünyadayken her nasılsa gerçek dünyadan bir haber almışım. "Ve üzerinde de sana aldığım sarı eşofman takımı vardı."

Stacey hafifçe başını sallayıp eğildi ve kollarını yatağın raylarına yasladı. "Sen o haberi hiç görmedin. O sırada komadaydın."

Kız kardeşime söyleyemeyeceksem kimse söyleyebilirim? Üstelik birine anlatmam gerekiyor. "Ölü insanlar görüyorum..." diyen şu çocuk gibiyim. Bu işi tek başıma çözmeye çalışırsam aklımı kaçırabilirim. "Kazadan sonra uyandım..."

Stacey başını iki yana salladı. "Hayır, hiç uyanmadın. Doktorlar..."

"Ben deliyim, unuttun mu?"

"Doğru ya."

"Her neyse bir düzlüğe çıktım. Duman ve alevler her yanı sarmıştı ve her taraftan çığlıklar yükseliyordu. Bir de... annemin sesi."

Stacey olduğu yerde kaldı. "Onu gördün mü?"

Başımı salladım.

"Yanı başımda diz çöküp bana vaktimin henüz dolmadığını söyledi." Hafifçe öne eğildim. Aklımı kaçırmış olsam da çaresizce delirmediğimi söylemeye çalışıyorum. "Haydi, bana delirdiğimizi söyle."

"O arazide... kalbin bir dakika kadar durmuş. Ölmüşsün."

Derin bir iç geçirdim. Bu haberle birlikte içimi garip bir huzur kapladı. "Beni uyandırdı. Uyandığımda ne kadar yalnız olduğumu, diğer kurtulanlardan ne kadar uzakta olduğumu hissettim. Başta yanlarına gidip beni kurtarmalarını bekleyecektim ama sonra seni düşündüm ve fikrimi değiştirdim. Kaza yerinden uzaklaşıp Washington'daki küçük bir kasabaya gittim."

"Uçağın buranın yüz mil kuzeydoğusuna düştüğünü biliyor muydun?"

Bu yeni bilgi beni tümüyle sarstı. "Washington Eyaleti'ne hiç gitmedim mi yani?"

"Hayır."

Bunu daha sonra düşüneceğim. Şimdi başladığım bu çılgın hikâyeyi bitirmeliyim. "Huzurlu Balıkçı Kulübesi adında köhne bir pansiyon bulup bir odasına yerleştim. Orada bir çocuk ve bir adam vardı."

Stacey elini kaldırıp beni durdurdu. "Dur bir dakika." Odanın diğer ucuna koştu. Çantam hardal sarısı plastik bir sandalyenin üstünde duruyor ve yanında da fotoğraf makinem var.

"Fotoğraf makinem..." diye mırıldandım. "Filmleri çıkardın mı?"

"Ne? Hayır." Stacey siyah, deri çantamı bir süre karıştırdıktan sonra bir dergi çıkardı ve tekrar yanıma geldi. "Sen ameliyattayken bu dergiyi okudum." Bir sayfasını açıp bana uzattı.

Huzurlu Balıkçı Kulübesi'yle ilgili makale bu. "Havaalanında bu dergiye bakmıştım."

Âdeta çözülüp parçalarıma ayrılıyorum. Her şey burada başlamış, bilinçaltımda... Kulübenin fotoğraflarına bakınca oraya gitmek için can atıyorum. Ama beni uyuşturan ilaçlar buna engel oluyor.

"Makalede kulübenin 2003'te ortak bir kararla yıkıldığı yazıyor."

Yıkıldığı.

"Daniel diye birinden bahsediyor mu?"

Stacey sayfaları inceledi. "Hayır. Pansiyon Bay ve Bayan Melvin Hightower tarafından yapılmış. Zimon firması burayı satın alınca onlar da Arizona'ya yerleşmişler. Yeni yer, toplantılara ve kişisel gelişim seminerlerine ev sahipliği yapıyormuş."

Huzurlu Balıkçı Kulübesi diye bir yer yok.

Ben oraya hiç gitmemişim.

Kesin Daniel benim nöroloğum, Bobby de ben uyurken odama giren hemşirelerden birinin oğlu.

"Joy, iyi misin?"

Gözyaşlarımı Stacey'den gizlemek için gözlerimi kapattım. "Hayır."

"Beni korkutuyorsun."

Sonunda ona baktım. Gözyaşlarımın arasından ne kadar endişelendiğini görebiliyorum. Keşke onu rahatlatabilseydim ama bu mümkün değil. "O filmleri tab ettirebilir misin?"

"Tab ettirmemi istediğinden emin misin?"

İç çektim. "Stacey, ben şu anda hiçbir şeyden emin değilim."

* * *

Yapboz yapmaya çalışan bir otistik gibiyim. Hastanede kaldığım sürenin geri kalanında resmin bütününü görebilmek için parçaları inceleyip onları türlü şekillerde birleştirmeye çalıştım.

Bana kaza yerinden uzaklaşmadığımı söylüyorlar, bense yalan söylediklerini düşünüyorum.

Fiziksel olarak beni hasta eden fotoğraflarla dolu gazete haberlerini gördüm. Riegert de dâhil, yolcuların bir kısmı uçaktan dışarı çıkarıldığımı gördüklerini söylemişler. Çantamı ve kimliğimi bulur bulmaz Stacey'yi aramışlar. Beyin sarsıntısı geçirmiş, halüsinasyonlar görmüş ya da ilaçlarla uyutulmuş olabilirim ama aptal değilim. Kanıtları görebiliyorum.

Kaza yerine hiç gitmemişim.

Tek bildiğim bu.

Bir şekilde buna inanmalıyım.

Kaza anını hatırlarsam belki o zaman her şey gerçeğe dönüşebilir. Ama kanlı sularda köpek balıkları gibi etrafımı saran psikiyatristler o anı asla hatırlamayacağımı söylüyorlar. "Çok travmatik bir vaka," diyorlar.

Ben de onlara Daniel'ı ve Bobby'yi "hatırlamanın" bana daha çok acı verdiğini söylüyorum.

Beyin uzmanları bundan hoşlanmadılar. Ne zaman onlara maceramdan bahsetsem cık cıklayıp başlarını iki yana sallıyorlar.

Bobby ve Daniel'dan gerçekmiş gibi bahsetmeme yalnızca Stacey izin veriyor ve beni sessizce dinlemesi bizi bir şekilde birbirimize tekrar yakınlaştırdı. Ne de olsa ölümün kıyısından döndükten sonra değişen tek kişi ben değilim. Hemşireler bana Stacey'nin bunu atlatmamda çok büyük rol oynadığını, benim için en iyisinin olmasını dilediğini ve dualar edip mumlar yaktığını söylediler.

Dün gece benim odamda uyudu ve bu sabah da şafak sökmeden uyanarak taburcu olmam için gerekli evrakları hazırladı.

"Gitmeye hazır mısın?"

Şimdi kapının yanında duruyor. Yanındaki hemşire de boş bir tekerlekli sandalyeyle bekliyor.

"Hazırım."

Beni yataktan kaldırıp tekerlekli sandalyeye oturttukları süre içinde bir kazak örebilirdim. Benim dışında kimse benim farkımda değil. Sonra yola koyulup koridorlardan geçiyoruz. Kimi görsem, "Güle güle, Joy. İyi şanslar," diyor. Onlara teşekkürlerimi iletip eve gittiğim için mutlu olmuş gibi yapıyorum.

Dışarı çıkınca Stacey beni yeni kırmızı arabasına götürdü.

"Demek yeni bir araba aldın..."

"Thom yılbaşı hediyesi olarak aldı," dedi.

Thom. Stacey onun adını benim yanımda ilk kez telaffuz etti.

Bir süre sıkıntıyla birbirimize baktık ve sonra yolcu koltuğuna oturmama yardım etti.

Eve giderken söyleyecek bir şeyler bulmaya çalıştık ama hiç kolay olmadı. Sanki eski kocam bir anda arka koltuğa oturdu ve tıraş losyonunun kokusuyla varlığını belli etti.

Stacey, Mullen Bulvarı'na dönerken, "Arabanı havaalanından aldım," dedi.

O park alanına en son bir yıl önce gelmiş gibiyim. "Ağaç ne durumdaydı? Eve giderken tutuştu mu?"

"Ağaç iyi durumdaydı. Onu Sunset'teki bakımevine bağışladım."

Öyle ya… Ağaç arabama bağlı olarak yalnızca birkaç gün kalmıştı, benim sandığım gibi bir hafta değil. "Teşekkürler."

Stacey arabasını araç yoluna çekip park etti. "Artık evdesin."

Her yer arabalarla dolmuş ve sokaktaki bütün lambalar yanıyor ama bu geç öğle vaktinde her yer sessizliğe gömülmüş. Neredeyse on yıldır bu evde, bu sokakta yaşıyorum ama şimdi ona bakarken bu evi hiç kendi evim gibi hissedip hissetmediğimi merak ediyordum. Daha çok, lise kütüphanesindeki vardiyam ve yıkılmış bir evliliği toparlama gayretim arasında saatlerimi geçirdiğim bir yer gibi.

Huzurlu Balıkçı Kulübesi...

(Öyle görünüyor ki aslında var olmayan bir yer...)

...işte orası gerçek bir yuvaydı.

Bunları düşünme, Joy.

Stacey kapıma gelip arabadan inmeme yardım etti. Koltuk değneklerini kollarımın altına yerleştirdi ve birlikte yavaş yavaş bahçeyi geçtik.

Köşedeki, bahçeye ektiğimiz ilk bitki olan ölü leylak ağacının yanına geldiğimizde evin arkasından insanlar çıkıp, "Sürpriz!" diye haykırdılar.

Olduğum yerde kalakaldım. Stacey elini belime sarıp bana destek olmaya çalışıyor.

Karşımda muhtemelen iki yüz kişi duruyor ve çoğunun elinde mumlar var. Bir kısmı da üzerinde "Evine Hoş Geldin, Joy!" yazan pankartlar tutuyor. Gözüme ilk çarpan, geçen dönem *Bülbülü Öldürmek* kitabının üç kopyasına zarar verdiği için azarladığım Gracie Leon adlı kız oldu. "Sizin için dua ettik, Bayan Candellaro."

Sonra genç bir adam gelip Gracie'nin yanında durdu. Bu Willie Schmidt. Yedi yıl önce dördüncü sınıfları okuturken asistanlığımı yapmıştı. Şimdi yerel lisede kendi öğrencileri var. "Hoş geldiniz," diyerek bana çok güzel, pembe bir kutu uzattı. İçinde yüzlerce kart var.

Sonra Mary Moro geldi. Bu yıl lise bire başladı ve amigo kızların liderliğini yapıyor. Elinde beyaz, porselen bir saksı içinde bir Noel kaktüsü var. "Bunu bebek bakıcılığından kazandığım parayla aldım, Bayan Candellaro. Canlı kalmasını sağlayabildiğiniz tek çiçeğin kaktüs olduğunu söylemiştiniz."

Sonra işyerinden arkadaşlarım Bertie'yi ve Rayla'yı gördüm. Tuzluk ve karabiberlik gibi birbirlerine kenetlenmişler. İkisi de burada olabilmek için ailelerini bırakmış.

Boğazım düğümlendiği için ancak başımla onaylayıp, "Teşekkürler," demeyi başarabiliyorum.

Hep bir ağızdan konuşarak bana doğru yürüyorlar.

Bahçede durup konuşuyoruz, gülüşüyoruz ve hayatlarımıza dair detayları paylaşıyoruz. Kimse uçak kazasının lafını etmese de merak ettiklerinin farkındayım. Dile getirilmemiş sorular diğer kelimelerin ardına gizlenmiş. Bu konuyu ne zaman rahatlıkla konuşabileceğimi düşünüyorum.

Gitmeye hazırlanırlarken gecenin karanlığı da Madrona Yolu'na çökmek üzere. Sokak lambaları yanmaya başladı.

Kız kardeşim beni ön kapıya yönlendirip kilidi açtı.

Evim tıpkı ben giderken olduğu gibi sessiz.

"Sana alt kattaki odayı hazırladım," dedi Stacey ve düşüncelerimiz çirkin bir yola saptı. İkimiz de eve gelip onu yatağımda bulduğum günü düşünüyoruz.

Bunu ilk kez düşünmediğimiz gibi son kez de düşünmüyoruz. Yakın geçmişimiz hız kesen bir tümsekten farksız; yavaşlayıp üzerinden geçer ve yolunuza devam edersiniz.

"İyi düşünmüşsün," dedim.

Stacey alt kattaki misafir odasına yerleşmeme yardım etti. Yatağa girdiğimde bana birkaç kitabın, bir tabak peynir ve krakerin ve mini marketten aldığı buzlu kahvenin yanı sıra televizyon kumandasını ve dizüstü bilgisayarımı da getiriyor. Kitapların arasında bir de dergi var. Kulübede okuduğum derginin aynısı bu. Onu işaret edip, "Bu çok eski," dedim.

Stacey dergiye bakıp omuz silkti. "Hastanedeyken bu dergiyi sana neredeyse her gün okudum. Eskiden pansiyon olan bir kulübenin yenilenmesine dair bir makale var içinde. Bir zamanlar kendi pansiyonunu açmak istiyordun, hatırlıyor musun?"

Yalnızca, "Evet," diyebildim. Benim şu Huzurlu Kulübe'min de yenilenmesi gerek.

Stacey alçılı bacağımı bir yastığa yerleştirip bir adım geri çekildi. "Gece rahat edeceğinden emin misin? İstersen kalabilirim."

"Hayır. Senin... Thom seni özler."

"Seni görmek istiyor."

"Öyle mi? Bu büyük bir gelişme."

Birbirimize baktık. Bu sözlerin üstüne ne söylenebileceğini ikimiz de bilmiyoruz.

"Napalm bombası gibi bir şey, bir anda parlayıp kayboluyor," dedi Stacey.

"Evet."

"Yanında kalırım."

"Evine git..." Bütün iyi niyetime rağmen bir noktada tıkanıp kaldım. Thom'dan hangi sıfatla bahsedeceğim? Eski kocam mı yoksa Stacey'nin sevgilisi ya da âşığı olarak mı?

"Nişanlım." Dudaklarını ısırıp bana sert bir bakış attı. Doğru şeyi söylemeye çalıştığının farkındayım. Sanki kusursuz kelimeler aramızdaki lekeyi silebilecek birer temizlik maddesiymiş gibi...

Sessizlik uzayarak tuhaf bir hal aldı. Stacey'ye düğününden bahsetmek, hatta törene katılacağımı söylemek istiyorum ama böyle bir söz verebilir miyim, bilmiyorum.

Aramızdaki sessizliğin onu nasıl yaraladığını görüyorum. Cesaretini toplayıp gülümsemeye çalışıyor. "Anneme benden ve Thom'dan bahsetti mi?"

"Sence ölürken aklımda siz mi vardınız?"

"Eskiden beri ispiyoncunun tekisin."

Bu sözler karşısında gülümsemeden edemiyorum. Sözleri bizi birlikteyken hiç susmadığımız günlerimize götürdü. Ansızın annemizin Volkswagen marka arabasının kötü kokulu arka koltuğunda kavga eden altı ve yedi yaşlarındaki o iki kız olduk. "Haklısın. Ona söyledim."

"Ne dedi?"

"Bana uyanmamı söyledi. İyi bir tavsiyeydi."

Stacey uzanıp gözlerimin önüne düşen saçları kenara çekti.

"Sen... uyurken bir daha hiç konuşamayacağımızı düşündüm."

"Biliyorum," demekten başka ne söyleyebilirim, bilmiyorum.

Hemşireler Stacey'nin yanımdan hiç ayrılmadığını söylemişlerdi.

"Ben hep hastanedeydim," dedi. "Duyar duymaz koştum ve yanından hiç ayrılmadım."

Ben de onun için aynısını yapardım. "Seni özledim, Stace."

Stacey sonunda gülümsedi. "Ben de seni özledim."

Evdeki ilk haftamın ardından artık çığlık atmaya hazırım.

Günlerimin büyük bir kısmını ağrı kesici içip kımıldamamaya çalışarak geçirdim. Her şey canımı yakıyor ama çektiğim acılardan daha beteri de var. En çok da gecelerden nefret ediyorum.

Yatağa uzanıp tavana bakıyor ve kendi kendime yağmur ormanlarının benim hayal ürünümden başka bir şey olmadığını söylüyorum. Uçak kazasından önce kaybolmuştum ve yapayalnızdım. Birini arzulamak ve arzulanmak istiyordum. Artık bunu itiraf edebilirim: Hem kız kardeşimi hem de kocamı kaybetmek aklımı kaçırmama sebep olmuştu. Onlar olmadan boğulabilirdim.

Böylece kafamda beni sevmesini istediğim bir adam ve çok sevmek istediğim bir çocuk yarattım.

Günün o buz gibi soğuk ışığında bu düşünce mantıklı geliyor. Sıcak ve kupkuru Bakersfield'dan sıkılmıştım. Yeşil çimlerin, upuzun ağaçların ve yoğun bir sis bulutunun hayalini kurmuştum.

Kâğıt üzerinde çok anlamlı geliyor. Geceleriyse her şey değişiyor.

Geceler karanlık ve yalnızlık duygusu büyüdükçe büyüyor. Hayatımda ilk kez zaman geçirmek için okuyamıyorum. Bütün kahramanlar Daniel'a dönüşüyor, bütün duygusal sahneler beni ağlatıyor. Filmler bile işe yaramıyor. Televizyonu açtığımda *Miracle on 34th Street* ve *Grinch* aklıma geliyor. Birlikte izlediğimiz on beş *Winnie the Pooh* çizgi filminden bahsetmiyorum bile.

Karanlıkta Tanrı'nın bana yardım edeceğine inanıyordum. Tekrar tekrar oraya "dönmeyi" denedim. Ama bütün girişimlerim ve ardından gelen başarısızlık, ümidimi tüketti.

Buna dayanamıyorum.

Artık bir şeyler yapma vakti geldi. Beni uyuşturan ilaçların etkisinde, bir yerde oturup başka bir yerin hayalini kurarak çok fazla zaman geçirdim. Ya yağmur ormanlarının varlığına inanıp onu bulmalı ya da unutup gitmeliyim. Psikiyatristimin bana tavsiye edeceği şey de bu. Gerçek dünyada benim hayal ettiğim türden bir fanteziler diyarına yer yok. Ama bazı anları tekrar tekrar düşünmeden edemiyorum. Daniel ve benim aynı anda "kader" dediğimiz anı, gökten bir yıldız kayarken aynı dileği tutmamızı unutamıyorum. Ve Stacey'yi haberlerde görmüş olmamı... Haberi komadayken duymamıştım, ekranda görmüştüm. Bir de Bobby'nin Noel sabahı için hazırladığı yapılacaklar listesi var. Belki de o gerçekti. Eğer öyleyse bu, ne kadar imkânsız görünürse görünsün orada olduğum anlamına gelir.

Tek ihtiyacım olan, bir kanıt. Ve bir kütüphanecinin yapabileceği tek bir şey varsa o da araştırmaktır.

Örtüleri üzerimden atıp yataktan kalktım ve koltuk değneklerimi alarak ışıkları yaktım. Aradığım şey garajda: dosyalarım. Kuzeybatı Pasifik, Washington ve Kuzey Amerika yağmur ormanlarıyla ilgili olanları aldım. Dosyaları kucaklayıp oturma odasındaki çalışma masama gitti.

Karanlığı dağıtacak kadar parlak, gerçekleri yansıtacak kadar güçlü ışığın altında materyallerimi yayıp hepsini belli bir düzene soktum. Sonra dizüstü bilgisayarıma dönüp internette gezinmeye başladım.

Asıl sorunu çözmem çok da uzun sürmedi.

Rüyamdaki hayatıma dair tek bildiğim, o hayatı Washington Eyaleti'ndeki bir yağmur ormanında yaşadığım. Google'daki verilere göre Olympic Millî Ormanı, Massachusetts'ten daha büyük değil.

Bense nüfusu muhtemelen bin kişiden daha az olan ve göl kıyısında yer alan hayalî bir yeri arıyorum.

Ah, bu arada kasabanın, gölün ismini ya da Daniel ile Bobby'nin soyadını bilmediğimi de unutmamalıyım.

Fazla duygusal bir kadın olmasaydım, *kader diye bir şey gerçekten varsa geri dönüş yolunu bulmamı istemiyor,* diye düşünürdüm.

Yine de pes etmeye hiç niyetim yok, belki de pes etmem mümkün değil. Kendi haritamı çizip olası kasabalarla gölleri belirledim ve bulduğum bütün şehirlere dair bilgi topladım. Hiçbirinde Huzurlu Balıkçı Kulübesi diye bir yer yok. Sonra gayrimenkul danışmanlarını aradım. Bölgede iki adet satılık balıkçı kulübesi varmış. İkisinin de fotoğrafları e-posta yoluyla bana gönderildi ama ikisi de benim hatırladığım yer değil.

Araştırmaya başladıktan neredeyse sekiz saat sonra dizüstü bilgisayarımı kapattım ve başımı da üstüne yaslayarak gözlerimi yumdum. Oturma odamın duvarları haritalar, fotoğraflar ve makalelerle doldu. Oda bir yönetim merkezine döndü.

Ama hiçbirinin bir faydası olmadı.

Orada ne kadar kaldığımı bilmiyorum. Bir ara bir arabanın yaklaştığını duydum.

Başımı kaldırdığımda Stacey'nin arabasının araç yoluna girdiğini gördüm.

Koltuk değneklerimi alıp girişe çıktım ve kapıyı zilin ilk çalışında açtım.

Eldivenli ellerinde bir tabakla verandamda duruyordu.

Annemin tavuk güveci bu. Tavuk, peynir, mayonez ve brokoli... "Sanırım kalbimi tekrar çalıştırdıklarını unuttun."

Stacey'nin benzi attı. "Ah, ben..."

"Şaka yaptım. Harika görünüyor. Teşekkürler." Arkama dönüp tekrar oturma odasına döndüm.

Stacey mutfağa geçti. Büyük ihtimalle güveci fırına koyup yanıma geldi. Oturma odasına adımını atar atmaz olduğu yerde kaldı. Gözleri sayfaların birer üzüm salkımı gibi sarktığı duvarları inceliyor.

"Takıntılar diyarına hoş geldin," dedim. Açıklama yapmak anlamsız. Aksayarak kanepeye doğru yürüyüp oturduktan sonra alçılı ayağımı sehpanın üstüne koydum. "Kasabayı arıyorum."

"Şu hiç gitmediğin kasabayı mı?"

"Aynen öyle."

Stacey karşımdaki sandalyeye oturdu. "Senin için endişelendim. Thom dedi ki..."

"Konuşmaya bu şekilde başlamasak daha iyi olur. Onun ne söylediği artık benim değil, senin umurunda olmalı."

"Yedi gündür evdesin ve benim dışımda kimsenin seni ziyaret etmesine izin vermiyorsun. Şimdi de..." Elini kaldırıp duvarları işaret etti. "Bu çıktı."

"Bertie ve Rayla uğradı."

Stacey bana bir bakış attı. "Bertie'ye onu göremeyecek kadar yorgun olduğunu söylediğin için kadıncağız beni aradı."

"*Acı* çekiyorum."

"Gerçek sebep bu mu?"

"Nesin sen, benim bekçim mi?" Açıklayamayacağım bir şeyi açıklamak istemiyorum.

"Hep şu rüya yüzünden, değil mi?"

Savunma gücümün tükendiğini hissederek iç çektim. Şu anda ona acı gerçeği söylemekten başka çarem yok. "Bundan kurtulamıyorum. Çılgınlık gibi göründüğünün -benim de çıldırdığımı düşündüğünün- farkındayım ama o görüntüler çok tanıdık geliyor. O yerin kokusunu, bana kendimi nasıl hissettirdiğini, sabahları çimlerin üstünde nasıl bir sis bulutunun oluştuğunu biliyorum. Sence bütün bunları nasıl öğrendim? Belki filmleri bastırdığında bir yanıt bulabilirim." Ben bu hayale kenetlenmiş durumdayım.

Bu sözleri söylerken kız kardeşimin kaşlarını çattığını gördüm. Kısacık bir ifade, bir görünüp bir kayboldu. Ama kız kardeşler birinin diğerinden bir şey gizlediğini hemen anlarlar. "Ne?"

"'Ne' ne?"

"Benden bir şey gizliyorsun ve benden en son gizlediğin şeyin kocam olduğunu düşününce ben..."

Stacey ayağa kalkarak dönüp odadan çıktı ve birkaç dakika sonra elinde bir zarfla geri döndü. "Al."

Zarfı ondan aldım. Aslında iki bacağım da sağlam olsa içgüdülerime kulak verip buradan kaçardım. "Bu hoşuma gitmeyecek, değil mi?"

"Doğru." Stacey bunu öyle yumuşak bir sesle söyledi ki sinirlerim daha da çok gerildi.

Zarfı açıp içindeki fotoğrafları gördüm ve Stacey'ye baktım. Şimdi başını iki yana sallıyor.

"Çok üzgünüm."

Zarf elimden düştü ve sonra elimdeki fotoğraflara baktım. Havaalanında çektiğim birkaç fotoğrafı görünce nefesim kesildi. Uçağın kazadan önceki hali, uçağa binmeyi bekleyen avcılar ve uçağın içinin uçuştan önceki hali... Riegert başparmaklarını kaldırmış, arkadaşlarını cesaretlendiriyor.

Başka hiçbir şey yok.

Ne kulübenin ne yağmur ormanlarının ne de gölün fotoğrafları var. Ne çiy damlacıklarının süslediği örümcek ağları ne de birbirlerine kenetlenmiş yaşlı ağaçlar ve yanı başlarında biten devasa eğrelti otları... Yirmi dokuz adet bomboş gri kareden başka hiçbir şey yok.

İlk kez gerçekten duygulanarak, "Oraya gitmemişim," dedim usulca.

"Çok üzgünüm, Joy," dedi Stacey bir dakika sonra. "Ama burada gerçek bir hayatın var. Seni seven insanlar var. Rayla öğrencilerin sürekli seni sorduklarını söyledi."

Kız kardeşimin konuştuğunu duyuyorum ama kelimeler yanımdan duman gibi süzülerek geçiyor. Tek düşünebildiğim, Noel'i onunla birlikte geçireceğime söz verdiğim küçük bir çocuk. Kalbim orta yerinden ikiye ayrılmış gibi, nefes alıp vermekte zorlanıyorum. O kapkaranlık, boş fotoğraflara bakarken ağlamamak için kendimi zor tutuyorum. Yine de ne söylemem gerektiğini, Stacey'nin ne duymak istediğini biliyorum. "Eminim çalışmaya başladığımda her şey düzelecek."

"Özlemiyor musun?"

Bir şey sorduğunu hemen algılayamıyorum. Başımı kaldırdım. "Neyi?"

"Kütüphaneyi. Eskiden severdin."

Stacey'nin *severdin* kelimesini duyduğunu biliyorum, bense *eskiden* kelimesini duydum. "Benim sevdiğim şey, var olmayan bir şey."

"Beni korkutmaya başlıyorsun."

"Aramıza hoş geldin, sevgili kardeşim."

Bir kemiğin bu kadar çabuk iyileşmesi inanılmaz bir şey. Keşke kalp de kemikler kadar dayanıklı olsaydı. Biraz alçı, iki ay yatak istirahatı ve *yaşasın!* Kırık kalbin iyileşti işte. Keşke gerçekten böyle olsaydı.

Şubat sonunda artık kolayca hareket edebilir hale geldim. Baş ağrılarım neredeyse tamamen kayboldu ve beni denetim altında tutan doktor takımına göre bacağım da güzelce kaynamış. İşe dönebileceğimi söylüyorlar ama açıkçası geleceğimle ilgili bir karar verme konusunda biraz sıkıntı yaşıyorum.

Geceler yüzünden...

Yatağımda tek başıma uzanırken düşüncelerimi kontrol etmem ya da düzene sokmam mümkünmüş gibi görünmüyor. Uyuduğumda rüyamda Huzurlu Kulübe'yi, Daniel'ı ve Bobby'yi görüyorum.

Günün en aydınlık, en parlak saatlerinde bile sıkıntı yaşıyorum. Ne yaparsam yapayım zihnimin içinde kuzeye doğru yol alıyorum. Her şey bana bir türlü kurtulamadığım o sahte anıları hatırlatıyor.

"Geçirdiği kazadan sonra Joy'u kurtaralım ekibi"nin en yeni üyesi olan psikiyatristim bana yaşadığım şeyin sık görülen bir durum olduğunu söyledi. Akli dengesi bozulan çok sayıda akli dengesi bozuk kişi var demek ki, ne demek istediğimi anlamışsınızdır.

Psikiyatristim bunun gerçek hayatımda mutlu olmamamdan kaynaklandığını söylüyor. Ona göre kazanın beni duygusal açıdan felce uğratmasına izin vermişim ve uyandığım zaman rüyamdaki o orman imgesinden kurtulacakmışım.

Ona yanıldığını söyledim çünkü ben kazadan *önce* duygusal felce uğramıştım. Şu anda da tıpkı eskisi gibiyim, eskisi gibi... Tek fark, artık ne istediğimi biliyor olmam. Ama onu bulamıyorum.

Kazadan önce Thom'u geri istiyordum.

Şimdiyse gittiğine neredeyse seviniyorum. Karısına çoktan ihanet eden bir adamı sevmenin tehlikeli olduğuna dair kız kardeşimi uyarmak istiyorum ama o kararını vermiş. Thom onun gözünde çok iyi bir adam. Kız kardeşime iyi bir koca olması için dua etmekten başka çarem yok.

Öyle derin düşüncelere dalmışım ki kapı zilinin çaldığını duyduğumda şaşırdım.

Saate baktım. Saat on ikiyi çeyrek geçiyor. Her zamanki gibi öğle yemeğimle birlikte tam vaktinde geldi. Ayağa kalkıp koltuk değneklerime uzanırken, "İçeri gir," dedim.

Stacey kucağında bir yığın dergi ve videoyla birlikte içeri girdi. Benim için bu şeyleri toplamak onu mutlu ediyor ve kendince bana delirdiğimi düşünmediği mesajını veriyor. Oysa ben delirdiğimi düşündüğünden eminim. "Bunlar *Sunset* dergisinin son sayıları. İki sayıda yağmur ormanlarında kaçamak yapılabilecek yerlerden bahsedilmiş. Dört adet yerel pazar gazetesi ve orada çekilmiş iki de film getirdim. Kocaayaklarla ilgili olan *Harry and the Hendersons* ve *Double Jeopardy*."

Bu anlamsız, saçma sapan hediyelerin benim için ne anlama geldiğini ikimiz de biliyoruz. Bir faydası olmayacağını da biliyoruz. O hayal ettiğim yeri ansızın "görecek" değilim. Alt kattaki duvarlarımın tamamı haritalar ve fotoğraflarla kaplı. Altındaki açık sarı duvarlar görünmüyor.

Onları Stacey'nin elinden alırken hepsini büyük bir dikkatle okuyacağımı biliyorum. Bir çağrışım uyandırsa da bana gerçekleri hatırlatmayacak görüntülerden başka bir şey bulamayacağımı da biliyorum.

Stacey yiyecekleri mutfağa bırakırken ben de oturma odasına gidip kanepeye oturdum. *Sunset* dergisinin yeni sayısında, var olmayan bir yeri özlememe sebep olan Hoh yağmur ormanının fotoğrafını gördüm.

"Joy?"

Başımı kaldırdığımda Stacey'nin elinde bir tepsi kruvasanla beklediğini gördüm. Yüz ifadesini görene kadar ağladığımın farkında bile değildim.

"Sana bu şeyleri getirmeseydim daha iyi ederdim sanırım."

"Onlara ihtiyacım var." Sesimdeki korkuyu duyabiliyorum.

O da duydu ve tepsiyi sehpanın üstüne bıraktı. "Gerçek dünyaya dönmelisin." Bunu söylerken biraz tereddüt etti. Bunu uzun zamandır söylemek istediğini biliyordum ama korkuyordu. Birbirimize istediğimiz şeyi rahatlıkla söyleyebilen o eski halimize tam anlamıyla dönemedik. Kruvasanlardan birini alıp peçeteye sararak karşıma oturdu.

"Gerçek dünya," dedim usulca, dergiyi bir kenara bırakırken. Ayağa kalkıp pencereye doğru yürüdüm. Orada ağırlığımı sağlam bacağıma vererek durdum ve yolun karşısındaki evlere baktım. Bu kış mevsiminde çimler de tıpkı ağaçlar gibi kuruyup solmuş. Aylardır yollarda tek bir yaprak yok. Sanki sokaktaki her şey gri ya da kahverengi ve solgun gün ışığı her şeyi daha da soldurmaktan başka işe yaramıyor. Stacey'ye dönüp bakmadan, "Dün gece rüyamda buraya sıkışıp kaldığımı gördüm," dedim. "Hayat öylece akıp gidiyordu. Rüyamda senin evini gördüm. Evinin ışıkları sürekli yanıyordu ve bahçende çocuklar oynuyordu. İçlerinden biri hep sırasını bekleyen sessiz, tetikte duran bir kızdı. Ona Joy adını vermiştin. Bense buraya hapsolmuştum. Gittikçe kararıp kuruyan, özlem dolu bir asma dalı gibi…" Derin bir nefes alarak onunla yüzleşmek için döndüm. Ona söylemem gereken bir şey var, daha önce itiraf etmem gereken bir şey. "O uçağa binmemin tek sebebi sen değildin. Belki en büyük sebebi sendin ama tümüyle değil. Dönüştüğüm kişiden çok sıkılmıştım."

Stacey bu sözlerim karşısında sessiz kaldı. Şaşırmadım elbette. Ne diyeceğini bilmiyor ve yanlış bir şey söylemek de istemiyor. İlişkimiz hâlâ çok kırılgan, birbirimize sıcak bir bardak tutarmış gibi yaklaşıyoruz.

"Sen anlayamazsın," dedim sonunda. Nasıl anlasın ki? Kız kardeşim hiçbir şeyin öylece geçip gitmesine izin vermez. Hiçbir zaman seyirci kalamaz.

"Şaka mı yapıyorsun?" Bana mercek altındaki bilimsel bir canlıymışım gibi bakıyor. "Sence ben daha fazlasını istemenin ne anlama geldiğini bilmiyor muyum?"

"Tanrı aşkına, sen lisede amigo kızların başıydın, mezuniyet balosunun da kraliçesi. Şimdiyse hamilesin ve âşık olduğun biri var."

"Ben on altı yıl önce amigoların başıydım, Joy. Sen üniversiteye gittiğinde ben Bakersfield'da kalıp boktan işlerde çalıştım."

"Ama Chris'le tanıştın..."

"Kalbimi kırmakla kalmayıp paramparça etti, hatırlamıyor musun?" Stacey iç çekti. "Senin hayatına baktıkça kendi başarısızlığımı görüyordum. Üniversiteden Thom'a âşık olarak döndün, çok güzel bir düğün yaptınız, sonra da lisede harika bir iş buldun. Elini attığın her işte başarılı oldun. Senin gölgende olmaktan nefret ediyordum."

Kaşlarımı çattım. "O yüzden mi taşındın?"

"Büyük şehre taşınmak bana iyi gelir sandım ama Sacramento'da daha da kayboldum. Bana göre fazla kalabalıktı. Ben de buraya dönüp boşanma sözleşmesinden kalan parayla bir ev almaya karar verdim. Ama hâlâ kendime iyi bir iş bulabilmiş değilim. Kocan ve eğitimin olmadan yirmi sekiz yaşına gelmişsen işin çok zor. Hele ki ablanın bütün bunlara sahip olduğunu gördüğünde..."

"Benden yardım isteyebilirdin."

"Denedim."

Ona bunun doğru olmadığını söylemek istiyorum ama biz birbirimize yalan söyleme aşamasını çoktan geçtik. Geçen yıl bize en azından bunu sağladı. Pencereden dışarıya bakıyorum, ona bakmamdan iyi. "Denediğini biliyorum ama ben de zar zor ayakta durabiliyordum. Thom'la delicesine kavga ediyorduk."

"Biliyorum," dedi usulca. "Bir gün seninle konuşmak için eve uğramıştım ama evde ondan başka kimse yoktu."

Demek böyle başlamıştı. Hiç sormasam da aslında bilmek istiyordum. Şimdi o sözleri söyledikten sonra devamını tahmin edebiliyorum: Kocamın ve kız kardeşimin nasıl arkadaş olduklarını, perişan hayatlarını ve sonra benimle ilgili sorunlarını nasıl paylaşmaya başladıklarını ve teselliyi nasıl birbirlerinde bulduklarını çok iyi görebiliyorum.

"Ne kadar mutsuz olduğunu söylemesi uzun zaman aldı ama bir kez itiraf ettikten sonra..."

Elimi kaldırdım. "Anladım."

"Bu yüzden kaybolmanın ne demek olduğunu inan ki ben de çok iyi biliyorum, Joy," dedi devam etmek yerine. "Bu dünyada herkesten çok sevdiğin birinin kalbini kırmanın nasıl bir duygu olduğunu hayal edebiliyor musun? Ablanın kalbini kırdıktan sonra ne kadar özür dilesen de asla yetmeyecek olmasının nasıl bir duygu olduğunu..."

Bu kez kız kardeşime baktığımda daha önce hiç tanımadığım bir kadınla karşılaştım. Bu kadın zor zamanlar geçirmiş ve hâlâ da geçirmeye devam ediyor. Belki de aldığı yanlış kararların acısını çekiyor. Kaybolmanın ne anlama geldiğini biliyor. Belki de belli bir yaşa gelmiş bütün kadınlar bunu biliyordur. Özellikle de güneşin kavurucu olabildiği böylesine sessiz kasabalarda...

Yağmur ormanı böyle değildi.

Orada, o ıslak, yeşil ve mavi dünyada bir kadının ruhu asla kurumazdı.

Bu düşünceyi bir kenara bıraktım. Şu anda bunları düşünmenin bir faydası yok. Stacey'ye döndüm. Önemli olan bu, yani biziz. Kiminle tanıştıysam ya da nereye gittiysem hepsi de beni kız kardeşimle paylaştığım bu ana yönlendirdi. Başlangıca... "Pekâlâ," dedim usulca, "hamilelik nasıl gidiyor?"

Şaşırdığını fark ettim, hafifçe iç geçirip gülümsememek için kendini tuttu. Bunu sormamı ne kadar zamandır bekliyordu, kim bilir? "İyi. Doktorlar her şeyin yolunda gittiğini söylüyor."

"Cinsiyeti ne?"

"Kız olduğunu söylüyorlar."

Küçük bir yeğen için alışveriş yapmak ve onu oyuncak bebekler gibi giydirmek... Sevgiyle... "Annem duysa çıldırırdı."

"Ona Elizabeth Sharon adını vermek istiyoruz."

Bu beni derinden sarstı. "Evet, çok hoşuna giderdi."

Yine sessizliğe gömüldük. Bir şeyler daha söylemek, bebekle ilgili tatlı, zararsız bir yorum daha yapmak istiyorum ama sesim çıkmıyor. Kendi kayıp duygumun içine bencilce hapsoldum. Derin bir nefes alıp bu duygudan kurtulmak istiyorum ama çok zor. Tam da bu noktada donup kalan ve hayatın geçip gidişini uzaktan izleyen yaşlı bir teyze olduğumu gördüğüm rüyayı hatırlıyorum.

"Artık kayboluyor, değil mi?" diye sordu Stacey sessizliğin ardından.

Söylediğinin doğru olup olmadığını anlamaya çalışırken ona baktım. İnsan asla sahip olmadığı bir şeyi kaybedebilir mi? "Korkuyorum, Stace. Neye tutunacağımı bilmiyordum. Belki de deliriyordum."

Stacey kaşlarını çatıp bana baktı ve bir yanıt beklediğim sırada odadan çıktı. Mutfak telefonundan birini aradığını duydum. Sonra dönüp, "Haydi, seni bir yere götürüyorum," dedi.

"Nereye?"

"Ne önemi var? Bu evin dışında bir yere. Çantanı al."

Açıkçası düşüncelerimi dağıttığı için ona minnettarım. Peşinden arabasına gittim.

Gideceğimiz yere on beş dakika sonra vardık.

Lise, limon sarısı gün ışığıyla yıkanmış. Bayrak direğinin etrafını saran parlak mor çiğdemler baharın yaklaştığını müjdeliyor.

"İyi misin?"

Nefret ettiğim bir soruya dönüştü bu. Sorunun yanıtı, ben de dâhil kimsenin duymak istemediği bir doğruyu ya da yalanı içermek zorunda.

"Neden buraya geldik?"

"Çünkü ait olduğun yer burası."

"Öyle mi?"

Stacey pek duyamadığım bir şeyler söyleyerek arabadan inip kapısını kapattı.

Ben de inip ağırlığımı koltuk değneklerime vererek kaldırımda durdum. Değneğin sünger kaplı kulplarını kavrayıp yönetim binasına giden beton avludan aksayarak geçtim.

Bahçe bugün şaşırtıcı derecede sessiz. Derse girmeyip güneşin altında oyunlar oynayan, öpüşmek ya da sigara içmek için yer arayan çocuklar yok.

Stacey binaya önden girip bana kapıyı açtı. Her yıl birbirinin aynısı olan o tanıdık ilanlar koridordaki ilan panolarını kaplamış. Bu yılki bahar müzikali için liderler ve şarkıcılar, mezuniyet partisinin dekorasyonu için gönüllüler aranıyor.

Ana girişe adımımı attığım anda zil çaldı. Birkaç saniye içinde bahçe kahkahalar atıp sohbet eden çocuklarla doldu.

Beni gördüklerinde bir gürültü koptu. Ansızın kendimi sahneye çıkan Mick Jagger gibi hissettim; gerçek bir yıldız gibi... Herkes hep bir ağızdan konuşarak etrafımı sardı.

Stacey kolumu sıkarak, "Bu senin hayatın," diye kulağıma fısıldadı.

Kalabalığı yarıp ofise geçmemiz on dakikalık teneffüsün tamamını aldı. Fakat ofisin önünde de büyük bir kalabalık beni bekliyor. Yüz kişiyle kucaklaşıp ondan da fazlasının iyi dileklerini dinledikten sonra nihayet kütüphane koridoruna girebiliyoruz.

Koltuk değneklerimle turnikelerden geçmeye çalışırken Rayla'nın boğuk kahkahasını ve "eskiden filtresiz Camel içerdim" mesajı veren sesini duyuyorum. "Ne kötü bir zamanlama."

Parlak metal bariyeri geçip kayıt masasında duran Rayla'nın yanına gittim. Yanı başında bir yığın kitap var. "Bir kadının tek başına altından kalkabileceği bir iş değil bu," diyor sırıtarak.

Rayla'nın bu sözleri karşısında güldüm. Bu işi aslında tek başımıza yapabileceğimizi ikimiz de biliyoruz. Yönetimden gizlediğimiz bir sır bu. "Benim yokluğumda çocukları çalıştırmaktan ne kadar keyif aldığını biliyorum, Rayla."

Eteklerini uçuşturup gümüş bilekliklerini tıngırdatarak masanın etrafından dolaştı ve yanıma gelip bana sıkıca sarıldı. Saç spreyi ve Tabu parfümünün kokusu burun deliklerimi doldurdu. "Seni özledik, dostum."

Geri çekilip ona baktım. "Ben de sizi özledim." Gerçek bu.

Sonraki yarım saatte kütüphanenin içinde gezinip bütçe kesintileri, sözleşmeler, yeni kazanımlar ve Rayla'nın yakında Reno'ya yapacağı bahar tatili gibi sıradan konulardan bahsettik.

"Evet," dedi sonunda Rayla. "Ne zaman döneceksin?"

Bu soru beni dehşete düşürdü. *Geri dönmek...* Her şeyin eski haline dönmesi anlamına geliyor bu.

Kabul edilebilir, mantıklı olan bir tek yanıt olduğu bilinciyle derin bir nefes aldım.

Stacey beni yakından izliyor. Rayla da öyle. İkisi de biliyor. Endişelerimin ve hayal kırıklıklarımın sebebini detaylarıyla bilmiyorlar belki ama yeterince şey biliyorlar.

Gülümsemeye çalışarak, "Yakında," diyorum.

Eve dönüş yolunda Stacey ve ben sessiziz.

Kendimi Dorothy gibi, Kansas'a dönen ve siyah beyaz bir dünyada rengârenk anılar biriktiren şu siyah beyaz kız gibi hissediyorum.

Yanı başımdaki Stacey, American Idol yarışmasında ikinci gelenlerden birinin hareketli ve akılda kalıcı bir şarkısına eşlik ediyor.

Sonra Bruce Springsteen'in *Baby, I Was Born to Run* şarkısı çıkıyor.

Anıların içinde boğuluyorum. Gözlerimi kapatıp kendimi anılara bırakıyorum.

Kasabaya giden yolda kırmızı bir pikabın içinde radyodaki şarkıya eşlik ediyorum. Yanımda oturan Bobby'nin kahkahalarını duyabiliyorum.

Daha fazla kapalı tutamadığım gözlerimi açtığımdaysa havaalanı çıkışını gördüm.

Bu bir tesadüf olamaz. Stace eve asla bu yoldan gitmezdi.

Sonra şöyle düşündüm: Dorothy'nin topuklarını üç kez birbirine vurup, "Ev gibisi yok," demesi gerekmişti. Bir mucize gerçekleşirken bile *bir şeyler* yapmak gerekir.

Belki de kanıt peşinde koşmaktansa daha önce yaptığım gibi "umudun" peşine düşmeliyim. "Buradan dön, Stacey."

"Oraya hiç gitmedin." Bu sözleri söylemekten ne kadar nefret ettiğinin farkındayım. Sesinden belli. "Lisedeki gerçek hayatını gördün."

"Lütfen!"

Stacey iç geçirip havaalanı girişine döndü ve America West bilet gişesinin önünde durdu. "Bu çılgınlık, Joy."

"Biliyorum." Çantamla koltuk değneklerimi arka koltuktan alıp indim ve aksayarak terminale doğru yürümeye başladım. Gişede güzel, koyu renk saçlı, mavi beyaz üniformalı bir kadın duruyor. Yaka kartından isminin Donna Farnham olduğunu öğrendim.

"Size nasıl yardımcı olabilirim?"

"İlk Seattle uçağına bir bilet almak istiyorum."

Gişe yetkilisi bilgisayar ekranına bakıp hızlıca tuşlara bastıktan sonra bana baktı. "Kırk dakika sonra kalkan bir uçak var. Sonrakiyse yarın öğlen yine aynı saatte."

Çantamdan cüzdanımı çıkardım. Gereksiz harcamalar için kullanmayacaksak kredi kartına ne gerek var? "Bugünkü uçağa bir bilet istiyorum."

"Yalnızca birinci sınıfta yer kaldı."

Fiyatını sormuyorum bile. "Harika. Alıyorum."

Güvenlik kontrolünden geçip kapıya ulaştığımda ellerim titriyor, kalbim küt küt atıyor.

Daniel ile Bobby'yi düşünmek, o büyülü hamleyi tekrar yapabileceğime inanmak istiyorum. *Ben Dorothy'yim. Ev gibisi yok*, diyorum kendi kendime ama güvenim çabuk kırılarak tepemizdeki parlak floresan lambaların altında paramparça oluyor. Bu parlak ışığın altında her şeyi net bir şekilde görmekten kendimi alamıyorum.

Benim bineceğim uçağın anonsu yapıldığında öne doğru bir adım atıyorum.

Sonra uçağı görüyorum.

Anılar üzerime çullanıp beni neredeyse yere düşürecek bir güçle darbesini indiriyor. Gözlerimi kapatıp nefes almaya çalışıyorum ama fayda etmiyor. Karanlıkta yine uçaktayım ve yere çakılıyoruz. Etrafım alevlerle çevrelenmiş... Benzin kokusu alıyorum... ve çığlıkları duyuyorum. Düşüyor, tepetakla olup yere çakılıyor... enkazın içinden çıkarılıyorum. Her şeyi görebiliyorum: Yüzüm kan içinde, kolum sedyeden sarkıyor, yırtık ve kan içindeki kotumdan dışarı bir kemik fırlamış. Arka tarafımdaki uçaksa patlıyor.

Parmaklarım iyice aralanarak tekrar titremeye başladı. Koltuk değneklerime güçlükle tutunuyorum. Avuçlarım terden kayganlaşmış, yutkunamıyorum. Gözyaşları yanaklarımdan süzülürken görüşümü bulanıklaştırıyor. İnsanlar bana iyi olup olmadığımı soruyorlar. Başımı sallayıp onları itiyorum. Koşabilseydim koşardım. Fakat iç organlarım gibi dışımın da paramparça olduğunu biliyorum. Böylece umuttan yavaş ve aksak adımlarla uzaklaşmaya başlıyorum. Yapabilseydim sürünürdüm.

Nihayet terminalden çıkıp güneşin aydınlattığı parlak güne adımımı attığımda kız kardeşimi gördüm.

Arabasının önünde, yolcu kapısının hemen yanında duruyor.

Elimde biletimle onun yanına gittim. "Hatırlıyorum."

Beni kollarının arasına alıp kucaklıyor ve ağlamama izin veriyor.

* * *

Üç gecedir her uykuya daldığımda o kazayı yeniden yaşıyorum. Kendi evimin karanlık misafir odasında ter içinde çığlıklar atarak uyanıyorum. Artık oradaki düzlüğü, annemin uyanmama dair telkinlerini ya da bana odamı gösteren Bobby'yi görmüyorum.

Dördüncü gece anladım. Belki çok zeki biri değilim ama bilinçaltımın bana nasıl bir mesaj yolladığını biliyorum: *Sen o uçaktaydın, aptal.*

Oradan hiç uzaklaşmadın.

Karanlıkta, yok olmuş bir medeniyetin izlerini araştıran bir antropolog gibiyim. Evimin bütün duvarlarını haritalar, fotoğraflar ve çizimler süslüyor.

Ama şimdi nihayet ışığı görebiliyorum.

Kaybolan benim ve artık vazgeçmenin vakti geldi.

Kâbuslarım bana şu mesajı veriyor: Ya vazgeçip hayatına devam et ya da fantezilere kilitlenip yok ol. Zihnim bana bir ordu psikiyatristin veremediği dersi verdi. Kalbim çok uzun bir süre vücudumdan ayrı kalmıştı. California Eyaleti'nden ve gerçeklikten uzun süre uzak kalmıştı.

Ertesi sabah kâbuslar yüzünden mahvolmuş bir halde uyandığımda ne yapmam gerektiğini biliyordum. Yataktan kalktım ve kendime koca bir fincan dolusu kahve doldurup ayıldım.

Duvarlarımın her karışını temizledim. İşe, Huzurlu Kulübe'nin fotoğraflarından ve Olympic Yarımadası'nın haritasından başladım. İşimin yarısı bitmişti ki kapı çaldı. Geri çekilip sözde kaydettiğim ilerlemeye baktım. Oturma odamın doğu tarafındaki duvarı raptiye izleriyle dolmuş.

Eskiden orada bir şeylerin olduğunu gösteren minik delikler bunlar.

Özellikle kaçınmaya çalıştığım türden bir düşünce bu. Kapı zili tekrar çaldığında koltuk değneklerime uzanıp girişe yöneldim.

Kapıyı açıp karşımda bana kaşlarını çatarak bakan Stacey'yi buldum.

"Berbat görünüyorsun."

Bu söz canımı yakıyor. "Şey... sen de şişkosun." Sol koltuk değneğime yaslanıp döndüm ve aksayarak tekrar misafir odama gittim.

Halının üstünde ayak seslerini duyamasam da Stacey'nin beni izlediğini biliyorum. Duvara gidip Olympus Dağı posterini yırttım.

"Hepsini atıyor musun?"

"İstediğin bu değil miydi?"

"Joy..."

Sesinin tonu içime dokundu. Sonunda dönüp ona baktım. "Onlardan kurtuluyorum."

Stacey yatağıma oturup yanı başını işaret etti.

Ben de gidip yatağa oturdum.

"Neler oluyor?" diye sordu.

"Uyuyamıyorum. Kâbus görüyorum."

"Kazayla mı ilgili?"

Başımı salladım. "Psikiyatrist, havaalanına gittiğim için bu kâbusları gördüğümü söylüyor. Her şeyin benim hatam olduğunu duymak istiyormuşum gibi..."

"Peki ya Daniel ve çocuk?"

Sesindeki kuşkuyu, açık ve net olanı dile getirip getirmeme konusundaki tereddüdünü fark ediyorum. Aslında buna minnettarım. Çok yakında isimlerini bile duymak istemeyeceğim günler gelecek. "Beni liseye götürdüğün günden beri onları rüyamda görmüyorum. Onları düşündüğümdeyse... belli belirsiz şeyler aklıma geliyor."

"Sence bu ne anlama geliyor? İyileşiyor musun?"

Ellerime bakıyorum. Bu konuyu çok düşündüm. Uyuyamayan bir kadının düşünecek çok vakti oluyor. "Sanırım..." Bunu yüksek sesle söyleyemiyorum.

Stacey elini benim elimin üstüne koydu.

Dokunuşu beni rahatlatıyor. Başımı kaldırdım. Gözyaşlarım gözlerimi yakıp bulandırarak Stacey'nin yüzünü bir Monet tablosu gibi görmeme sebep oluyor. Bundan memnunum. Bu anı net bir şekilde yaşamak istemiyorum. "Uyandıktan sonra ilk başta her şeyin gerçek olduğundan emindim. Daniel'ın, Bobby'nin... Sonra gerçekleri dinledim ve var olmadıklarını bilmeme rağmen inanmaya devam ettim. Kendimi nasıl durduracağımı bilmiyordum. Gerçek olmalarını o kadar çok istiyordum ki... Orada bana ihtiyaç duyulduğunu, istendiğimi, yaşadığımı hissediyordum. Buradaysa..." Omuz silktim. *Keşke onların yanına gidebilmenin bir yolunu bulabilsem,* diye düşünmekten kendimi alamıyorum."

"Ya şimdi?"

Derin bir nefes alıp yavaşça dışarı veriyorum. "Google'da araştırdım, bilgi topladım ve Olympic Yağmur Ormanları'ndaki ya da yakınlarındaki kasabalara dair her şeyi okudum. Öyle bir kasaba yok, öyle bir kulübe de yok. Dolayısıyla Daniel ile Bobby'nin birer hayal ürünü olması da mantıklı geliyor. Çektiğim acıyla ve kazanın dehşetiyle baş etmenin tuhaf bir yoluydu bu."

"Psikiyatristin gibi konuşuyorsun."

"Saatine iki yüz dolar verdiğim birini dinliyorum elbette." Gülümsüyorum ama esprim havada kalıyor.

"Sen şu an mantıklı olanı anlatıyorsun. Bana asıl ne hissettiğini anlat."

"Artık hislerimle baş edemiyorum. Beni öldürüyorlar. Mucizeye, kadere, alın yazısına inanmayacak kadar yaşlıyım."

"Demek buna sebep olan şey ilaçlar ve senin bilinçaltındı."

Kaşlarımı çatıyorum. Söylediği tam olarak doğru değil. Her şeyi doğru algılamak benim için çok önemli, yoksa bunu atlatamazdım. "Sanırım Daniel ve Bobby... bir tür metafordu."

"Teknik okuldan atıldığımı unuttun sanırım. Ne demek istiyorsun?"

"Sanırım onlar beni bekleyen aşkı temsil ediyorlar. Hayatımı değiştirecek kadar cesur muyum acaba?" Derin bir nefes alıp şöyle dedim: "Gerçek şu ki Stace, yalnız kalmaktan çok yoruldum. Aşk, tutku ve çocuk istiyorum. Hem de hepsini..."

Stacey uzunca bir süre sessiz kaldıktan sonra, "Seni anlıyorum," dedi.

"Anladığını biliyorum."

"Ve bunu hak ediyorsun," dedi usulca.

Duvarlarıma bakıp geriye kalan birkaç posterin arasındaki delikleri inceliyorum. Çok yakında bu oda eski haline dönecek ve imkânsız yolculuğumun bütün kanıtları yok olacak. Peki, o zaman neyin hayalini kuracağım?

"Haydi," dedi Stacey sonunda. "Geç kalacağız."

Beni arabasına götürdü. Doktorun muayenehanesine yaptığımız uzun yolculukta önemsiz, basit şeylerden bahsettik.

Oraya vardığımızda alçımın çıkarılıp röntgenimin çekilmesi ve iyileştiğimi söylemeleri bir saatimizi almadı. Ortopedistim Doktor John Turner, "Kırık gerektiği şekilde kaynamış. Tam da umduğumuz gibi," dedi. "Mark fizik tedavinin de iyi gittiğini söyledi."

"Öyle mi?" dedim.

"Fizik tedaviye daha ne kadar devam edecek?" diye sordu Stacey.

"Bilmiyorum." Doktor bana baktı. "Her gün tekrar etmemiz gerek, tamam mı? Baş ağrıların nasıl?"

"Daha iyi," dedim. Aslında söylediklerim büyük oranda doğru. Kaza sonrası semptomları yavaş yavaş hafifliyor.

Randevumuz bitip vedalaşırken kapı çaldı ve bir kadın muayene odasına girdi. Elinde beyaz, plastik bir torba var. "Doktor?"

Doktor ona baktı. "Efendim, Carol?"

"Bunlar Bayan Candellaro'nun kıyafetleri. Kazadan sonra üzerinden çıkarılanlar. Onları atacaktık ama içinde bazı özel eşyalar var."

Bu cümle beni derinden etkiledi. En çok hangi kelimeden etkilendiğimi bilmiyorum ama artık ne gülümseyebiliyor ne de hareket edebiliyorum.

Stacey torbayı ondan aldı. "Teşekkürler."

Otoparka yürürken hâlâ aksıyorum. Dengemi sağlamak için bastonla yürüyorum ama açıkçası kendimi bir bütün olarak hissedememem fazlasıyla duygusal, hayalî bir şey. Yoksa kısa bir süre önce kırılan kemiğimin çok sağlam olduğunu hissediyorum.

Eve dönüş yolunda gözümü torbadan ayırmadım.

Stacey evimin araç yoluna girip park etti. "İyi misin?"

Torbayı ondan alırken, "İyi olacağım," dedim.

"İstersen onu ben alayım, senin yerine çöpe atabilirim."

"Biliyorum." Torbanın içindekilerden henüz kurtulmaya hazır olmadığımı Stacey'ye nasıl söyleyebilirim ki? Konuşmak yerine gülümseyip başımı sallayarak arabadan indim.

Ağırlığımı bastona vererek ön kapıya doğru yürürken arkamdan Stacey'nin uzaklaştığını duydum.

Eve girdiğimde içerisi çok sessizdi.

Radyoyu açık bırakmayı unutmuşum. Hemen gidip düğmesine bastım.

Bruce Springsteen söylüyor: *Baby, I Was Born to Run*. Kanalı değiştirerek Elton John'un çok güzel, sakinleştirici bir baladını buldum.

Artık hayal kurmak yok. Kıyafetlerimle dolu torbayı elbise dolabıma fırlatıp duvardaki posterleri sökme işime devam ettim. İşim bitip küçük raptiye izleriyle dolu krem rengi duvarlarım ortaya çıktığında her şeyi market poşetlerine doldurup garajımdaki çöp kutusuna taşıdım.

Her şey çöpe gitti.

* * *

Seattle'a bir bilet...

Berbat kıyafetlerle dolu beyaz bir torba...

Bu iki şey sonraki hafta boyunca temsil ettikleri anılarla birlikte şifonyerimde bekledi.

Dolabın önünden her geçtiğimde onlara bakıyorum ama hiç dokunmuyorum.

Mümkün değil.

Daniel ile Bobby'ye dair anılarım tamamen kaybolana dek biletle torbayı görmezden geleceğim. Onlara dokunduğumda soğumuş, geçen günlerle birlikte etkilerini de kaybetmiş olacaklar. Günün birinde değiştirme farkı ödeyip birinci sınıf biletimle başka bir yere uçacağım. Florida'ya ya da Hawaii'ye olabilir.

Telefon çaldığında büyük bir dikkatle torbayı görmezden geldim.

Sırtımı şifonyere dönüp hemen telefona yanıt verdim. "Alo?"

"Bayan Candellaro?"

Bu isim ve bütün çağrıştırdıkları irkilmeme sebep oluyor. Belki de yaza dair en önemli projem eski soyadıma dönmek olmalı. "Evet?"

"Ben Ann Morford. Nasılsınız?"

"İyiyim," dedim gayrimenkul danışmanıma. "Sözleşmeyi yenilemek mi istiyorsunuz?"

"Aslında size iyi bir haberim var. Evinize bir teklif verildi. İki yüz doksan iki bin beş yüz dolar. Sanırım kaza geçirdiğinizde evinizin de şansı açıldı."

"Vay canına." Şaşkınlık içinde yatağıma oturdum.

"Karşı teklif sunacak mısınız? Belki daha fazla ödemeyi kabul ederler."

Zihnimi toplamam on saniyeden kısa sürdü. Bir fırsat yakaladığımda bunun ne anlama geldiğini bilirim. "Hayır. Bu teklifi kabul ediyorum."

Danışmanla detayları birkaç dakika daha konuştuk. Kapora ve anahtar teslim tarihi gibi şeyler... İsterlerse evi cuma günü boşaltabileceğimi de söyledim ki bu konuda ciddiydim. Nihayet gidebileceğimi fark ettiğimde gitmek için sabırsızlanmaya başladım. Danışman evrakları bana hemen faksladı ve ben de imzalayıp tekrar ona yolladım.

İşim bittikten sonra bir kadeh şarapla bunu kutlamak için mutfağa yöneldim ama elbise dolabımdan uzak duramadım.

Bu kez yapamadım. Evin satılması ve yakında taşınacak olmam her şeyi bir şekilde değiştirdi. Nihayet taşınıyor, yolumu değiştiriyorum. Bu fikir bana güç verdi.

Torbayı alıp yatağa götürdükten ve oturduktan sonra onu yavaşça açtım.

İlk gördüğüm şey ayakkabımın sol teki. Yalnızca teki var. Onu aldım. Keds marka siyah beyaz spor ayakkabım çok iyi durumda. Ne bir leke var ne bir yırtık ne de çamur...

Kazağımda çamur, kan ya da ikisinin karışımı koyu renkli lekeler var. Ama çok kötü durumda değil. Bu kazağa bakan biri neler geçirdiğini anlamaz. Bunun da garip bir rahatlatıcı tarafı var.

Sonra kot pantolonumu aldım.

Sağ bacağı paça kısmından beline kadar kesilmiş. Kurumuş kan yüzünden kumaş sertleşmiş ve rengi bozulmuş.

Ön sol cebinde Von'un marketinden alınmış bir fatura, havaalanı park fişi ve nakit yedi dolar buldum. Arka cepteyse birkaç bozukluk ve bir ataş var. Tam da bulmayı beklediğim şeyler.

Fakat diğer ön cepte garip bir şey hissettim. Elimi biraz daha derine daldırdığımda soğuk ve sert bir şey buldum. Onu aldım ve dikkatlice inceledim.

Avucumun içinde küçük, beyaz, sivri uçlu bir taş var.

Gözlerimi kapatıp ona kadar saydım. Tekrar avucuma baktığımda taş hâlâ yerindeydi.

Bu olamaz. Olamayacağını sen de biliyorsun.

Kaza yerinden uzaklaşmadın.

Ama o sivri uçlu taş elimde işte. Bütün varlığımla, düşündüğüm ve hissettiğim her şeyle buna inanıyorum.

Tabii inanırım. Ben çılgınca şeylere hep inanmışımdır zaten...

Banyoya gidip elimi aynaya tuttum.

İşte burada: Noel ağacının tepesindeki yıldıza benzeyen o küçük ve beyaz taş avucumda.

Yardıma ihtiyacım var. Taşı sımsıkı kavrayıp odamdan çıktım. Dolabın yanından geçerken bileti gördüm ve saate baktım. Seattle uçuşuna üç saatten daha az bir zaman var.

Ya gerçekse?

Bu iki kelime küçük dünyamı bir kez daha umut ve ihtimallerle doldurdu. Onları bir kenara atamıyor, içimdeki özlemin büyümesine engel olamıyorum.

Çantamdaki bilete dokunup daha şimdiden başkasına aitmiş gibi hissettiğim bu evden çıkarak garajıma yöneldim. Hayallerimle dolu dosya dolabının yanından geçerek Volvo'ma bindim. Arkamdaki kapılar açıldı.

Arabayı çalıştırmadan önce elimdeki şeye baktım.

Hâlâ burada.

Yavaşça, ayağımı frenden çekmeden garajdan araç yoluna çıktım. Kız kardeşimin evine giderken yol boyunca sivri uçlu taşı elimden bırakmayıp gerçek olması için dua ettim.

Bu aralar fazla hassas olan zihnimin bir sanrıyı daha kaldırabileceğini sanmıyorum.

Dua etmeye devam ederek Stacey'nin araç yoluna park edip koltuk değneklerimi aldım ve ön kapıya gittim. Zili uzun uzun çaldım.

O evde başka kimin yaşadığınıysa ancak ayak seslerini duyduğumda hatırladım: *Bu çok kötü olabilir.*

Kapıyı Thom açtı.

Ona, uzun yıllar sevdiğim, yanı başımda uyuyan ve bazen bana iyi geceler öpücüğü vermeyi de hatırlayan bu adama bakıyorum. Aylardır ona ilk kez bu kadar yakınım ve hissettiğim şey...

Nostalji, başka bir şey değil. Geçmişim, gençliğim bana bakıyor. Yıllar önce onunla tanıştığım zamanki haline benziyor. Gençliğimizdeki haline... "Selam, Thom," dedim. Adını bu kadar kolay telaffuz edebildiğime şaşırdım.

"Joy." Normalde güçlü çıkan sesi şimdi bir fısıltı gibi çıktı. Ne söyleyeceğini düşündüğü belliydi.

Ona düşünmesi için biraz zaman vererek, "İşlerin böyle olması çok komik," dedim.

"Çok üzgünüm, Joy."

Bu sözlerin beni bu kadar derinden etkilemesine şaşırıyorum. Bunu duymaya bu kadar ihtiyacımın olduğunu bilmiyordum. "Ben de öyle."

Sonra aramıza bir sessizlik çöktü. İkimiz de ne söyleyeceğimizi bilemiyoruz. Birbirimize bakıyoruz, o da benim kadar üzgün. Sonunda, "Stacey geleceğini biliyor muydu?" diye sordu.

"Hayır."

Sonra merdivenlere dönüp, "Stace, ablan geldi," dedi.

Stacey yüzünde paniklediğini gösteren bir ifadeyle merdivenlerden indi ve Thom'a endişe dolu bir bakış attıktan sonra bana döndü. "İyi misin?"

"Aslında çok iyiyim." Onu kolundan tutup koridora çektim. Yalnız kalmayı bekleyebilir, hatta onu bir odaya çekebilirim ama o kadar duyarlı olamayacak kadar heyecanlı ve gerginim. "Uçakta giydiğim pantolonun cebinde bunu buldum." Elimi kaldırıp parmaklarımı yavaşça açtım.

Stacey avucuma baktı.

Avucumdaki şeyi, o sivri uçlu taşı bütün netliğiyle görebiliyorum.

Lütfen... Duamı nasıl sonlandıracağımı bile bilmiyorum. Ama elim boşsa kaybolduğumu anlayacağım. Dedikleri gibi, bir hücrede uzun bir tatile ihtiyacım olacak. "Onu görüyor musun?" diye sorabilmek için bütün cesaretimi toplamam gerekti.

"Taşı mı?"

İçimi şiddetli bir merak sardı ve böylece bu zamana kadar içimin ne kadar soğuk ve boş olduğunu gördüm. "Onu sen de gördün," dedim. "Gerçekten burada."

"Sivri uçlu bir taş... Ne demek bu?"

"Kuzeye gidiyorum, demek."

"Anlamadım."

"Ben de öyle ama uçak biletimi kullanacağım anlamına geliyor."

Stacey şaşırdı. "Emin misin?"

"Yüzde yüz..."

Bu sözlerimin üzerine yüzünün nasıl buruştuğunu, gözlerinin nasıl bir korku ve endişeyle dolduğunu gördüm. Kaza yüzünden... O da benim gibi bu anılarla uzunca bir süre savaşacak. "Bir daha olmayacak," dedim nazikçe.

"Ben de seninle geliyorum."

Stacey'nin koluna dokundum. "Çılgınlık gibi göründüğünün farkındayım ama bunu geçen seferki gibi yapmalıyım; tek başıma. Umudun peşine takılacağım."

"O halde seni havaalanına götüreceğim. Sakın itiraz etme." Yanımdan geçip üst kata koştu. Yukarıdaki koridordan gelen ayak seslerini duyabiliyorum. Thom'un beklediği oturma odasına döndüm. Birbirimize bakıyoruz.

"Ona iyi bak," dedim sonunda. "Seni gerçekten seviyor."

"Ben de onu seviyorum, Joy." Sesinin boğulduğunu ve içtenliğini fark edebiliyorum.

İçimi tuhaf bir acı kapladı ama bu duygudan da hemen kurtuldum. "İyi."

Birkaç dakika sonra Stacey tekrar göründü. Anahtarlarını girişteki sehpanın üstünde duran metal kâseden alıp Thom'a bir hoşça kal öpücüğü verdikten sonra garaja yöneldi. Arabasını çalıştırırken ben de çantamla biletimi aldım. Sonra yolcu koltuğuna oturup kapıyı kapattım.

Kız kardeşim bana baktı. "Bundan emin misin?"

"Kesinlikle."

"Tamam, o halde gidiyoruz."

Otuz beş dakika sonra havaalanına vardık ve kaldırım kenarında durup park ettikten sonra araçtan indik.

Kaldırıma çıktığımızda kız kardeşim bana öyle sıkı sarıldı ki güçlükle nefes aldım. "Beni habersiz bırakma."

"Oraya varır varmaz seni ararım," diye söz verdim.

"Orası her neresiyse..." Stacey geri çekildi. "Seni bir daha görememekten korkuyorum."

"Nasıl görmezsin? Haziranda düğününe geleceğim."

Stacey derin bir iç geçirdi. "Gelecek misin?"

"Biz kardeşiz," dedim.

Sözlerimin onu nasıl etkilediğini görebiliyorum. Stacey gülümsüyor ama zayıf ve tedirgin bir tebessüm bu. "Seni seviyorum, Joy."

İşte o anda anladım: Washington'da bir şey bulsam da bulamasam da ait olduğum bir yer her zaman olacak. Bu çok zamanımızı aldı ama Stacey ve ben nihayet başa dönebildik. Birbirlerinin hayatlarına tanıklık eden ve korktuklarında el ele tutuşan, Volkswagen'ın arkasındaki o iki küçük kızız yine.

"Seni seviyorum, Stace."

Kapıya varmam neredeyse kırk dakikamı aldı. Yirmi dakika sonra da uçağa gidebileceğimiz anons edildi.

Sıraya girdim.

Sol tarafta, kirli camın ardında duran uçağımı görüyorum.

Bunu yapabilecek miyim? Ansızın kendimden emin olamıyorum. Kalp atışlarımın hızlandığını ve alnımdan terlerin aktığını hissediyorum.

Elimi cebime sokup sivri uçlu taşı kavradım.

Geri döneceğine söz ver, Joy.

Bu delilik.

Kafa travması geçiren bir kadının deliliği...

Ama *inanıyorum.*

Gerçekten bu kadar basit.

Delilik olsun ya da olmasın ben buna inanıyorum.

Nefes alıp vermeye odaklanıp yavaş yavaş hareket ederek uçağa bidnim ve 2A numaralı koltuğa oturdum.

Kemerimi sımsıkı bağladıktan sonra acil çıkış kapısının nerede olduğunu kontrol ettim.

Sonra da dua ettim.

* * *

Uçak Seattle'a inerken çığlığı bastım. Sesim beni dehşete düşürdü. Diğer yolcularla hosteslerin onaylamayan bakışlarına da maruz kaldım ama uçak yere inene kadar korkuma engel olamadım.

Diğer yolcularla birlikte uçaktan inip SeaTac Havaalanı'nın içlerine doğru ilerlerken hâlâ titriyordum. Karolara işlenmiş gümüş rengi balık figürleri beni bagaj teslim bölümüne yönlendiriyor. Orada orta düzey bir araç kiralayıp bir Batı Washington haritası aldım.

Dışarıda artık bana hiç yabancı gelmeyen o ünlü işaretleri gördüm. Uzaktaki karlı dağlar ve Puget Sound'un masmavi suları beni bekliyor, Rainier Dağı'ysa sislerin arasından yükseliyor.

Buraya daha önce hiç gelmediğimi kendime hatırlatmam gerekti. Bu bölgeyle ilgili o kadar çok araştırma yaptım ki bu konuda uzman oldum.

Dura kalka ilerleyen trafikte Tacoma'ya vardım. Burası kapkara bir bulut tabakasının altında iç içe girmiş gibi görünen düz, karanlık bir şehir.

Eyalet başkenti Olympia inanılmaz derecede kırsal bir görünüme sahip. Gözüme yer yer ağaçların arasına gizlenmiş kimisi sarmal, kimisi kubbeli, kimisi sütunlu, resmî görünümlü binalar ilişiyor.

Cosmopolis -kesinlikle adına uygun bir yer olmadığını belirtmeliyim- adlı şehre vardığımdaysa bambaşka bir yere geldim. Zehirli egzoz dumanları gökyüzüne yükseliyor ve suyollarını kütükler tıkıyor. Burada, yani Grays Harbor'da ekonomi keresteciliğe ve denize dayalı ama ikisi de ya yok olmuş ya da başarısızlığa uğramış. Evler harabe, dükkânlar kapalı, şehir merkezindeki yollarsa insanlardan ve ticaretten arınmış.

Aberdeen'e geldiğimde beni Queets'e, Forks'a, Humptulips'e, Mystic'e ve Rain Valley'ye götürecek olan eski 101 Otobanı'na girdim.

İşte burası. Rüyam gerçekse onu bu yolda bulacağım. Yağmur ormanlarının devasa ağaçlarıyla Pasifik'in gri dalgalarının arasına yapılan bu yolda...

Ansızın korkuya kapılarak arabamı bir kenara çekip park ettim.

"Haydi, Joy," dedim yüksek sesle. En iyi kütüphaneci ses tonumu takındım ama şimdi de kendi öğrencilerimden birine benziyorum. Bir türlü ikna olamıyorum. Titreyen ellerimle haritamı açtım.

Kasaba isimleri benimle âdeta alay ediyor. Hangisi "benim" kasabam? Yoksa hepsi de bana yabancı mı? Daniel'ı, Bobby'yi ve göl kıyısındaki bir kulübeyi mi arıyorum yoksa bu yalnızca bir kelime, henüz başlamamış bir geleceği gösteren bir levha mı? Daniel gibi bir adamı mı bulmam gerekiyor? Bobby de günün birinde sahip olacağım oğlum mu?

Bu düşünce beni benden alıyor ve titremeye başlıyorum. Ne aradığımı nasıl anlayacağım? Cep telefonuma uzanıp kız kardeşimi aradım. İlk çalışta yanıt veriyor.

"Lanet olsun, Joy, seni çok merak ettim. Bütün tırnaklarımı kemirdim."

"Zaten tırnağın yoktu ki." Ön camdan boş yola baktım. "Nereye gideceğimi bilmiyorum, Stace. Öyle ki..."

"Derin bir nefes al."

"Alıyorum."

"Tekrar al."

Derin, yatıştırıcı bir nefes daha aldım ve sonra onu dışarı üfledim.

"Şimdi," diye devam etti, "bana nerede olduğunu söyle."

"Kıyı şeridinde bir kereste kasabasında. Millî Park'ın başladığı noktadan bir saatlik mesafede. Ya aradığım bu yeri bulamazsam?"

Kısa bir sessizliğin ardından kız kardeşim, "Bulacaksın," dedi.

"Buna nasıl inanabiliyorsun?"

"Çünkü sen inanıyorsun."

Bu sözler yüreğime işledi. Tutunacak bir şey buldum, delirmiş olsam bile yalnız olmadığımı bana hatırlatıyor. "Teşekkürler."

"Telefonun başında bekleyeceğim. Tamam mı?"

"Arayacağım."

"İlk durağın neresi?"

Haritaya baktım. "Amanda Park."

"Ümit verici bir yere benziyor."

Benim zihnimde herhangi bir çağrışım yapmadı ama zaten şu anda zihnime güvenemem. "Evet. Sonra görüşürüz. Hoşça kal."

"Güle güle."

Telefonu kapatıp yola döndüm ve kuzeye doğru ilerledim.

Olympic Millî Ormanı'na vardığımda manzara değişti. Burada arazi umulmadık bir şekilde ağaçlardan yoksun kalmış. Ana yol boyunca bölgedeki kütükler kesilip fidanlar dikilmiş ama uzaklarda gri gökyüzüne uzanan bembeyaz Olympus Dağı'nın zirvesini görebiliyorum.

Yol boyunca neredeyse hiç posta kutusu yok ve gördüğüm birkaç mobil veya inşa edilmiş ev de çevre düzenlemesinden yoksun bir şekilde arkadaki düzlükte yükseliyor. Belki de bu bölgeyi kimse sahiplenmemiş, kimse buraya yerleşmemiş. Zorla alınmış ve şans eseri elde kalmış gibi.

Amanda Park, Quinalt Gölü'nün kıyısında yer alan garip bir kasaba.

Hiçbiri bana tanıdık görünmedi. Sokaklardan geçtim ama hiçbir şey tanıdık gelmediği için ana yola dönüp kuzeye doğru gitmeye devam ettim.

Bir tabela bana Queets'e geldiğimi haber verdi. O eski, bozuk yoldan kasabaya girip ilerledim. Hiçbir yer tanıdık görünmüyor.

Tekrar ana yola çıktım ve sağa doğru keskin bir dönüş yaptım. Pasifik Okyanusu tam karşımda. Yağmur damlaları sonsuz gri suların üstünde benek benek görünüyor. Beyaz, gürleyen dalgalar... Arabayı yolun kenarına çekip indim.

Kıyıya vuran kütükler tam da hatırladığım gibi. Rüzgârın biçim verdiği ağaçlar da öyle. Yalnızca kumlar farklı. Kumsalda geçirdiğimiz o gece Daniel'la dans ederken ayak bileklerime kadar altın sarısı kumlara gömülmüştüm.

Gerçekteyse kumsal tıpkı gökyüzü ve denizin şu anki hali gibi gri.

Kıyı boyunca birbirine geçmiş yeşillikler göze çarpıyor; iri çalılıklar, bodur ağaçlar, devasa eğrelti otları birbirine girmiş. Okuduklarıma göre burası dünya üzerindeki el değmemiş en uzun kumsal. Sonra "kumsal" kelimesi beni benden aldı. Şimdi, burada öylece dururken "el değmemiş" ifadesinin önemini kavradım.

Arabama dönüp ana yola çıkarken duygularımın etkisine girdim. Rüyamın doğru çıktığını gördükçe heyecanlanıp bundan güç alıyorum. Gerçeklikten uzak parçalarsa dikkatimi dağıtıyor.

Birkaç kasaba daha beni sevinçle karşılayıp hayal kırıklığına uğrattı. Arazi tanıdık görünse de kasabaların hiçbiri rüyamda gördüğüm kasaba değildi.

Pasifik Okyanusu'nun gri renkli vahşi kıyı şeridinden uzaklaşıp tekrar iç kısımlara girdiğimde arazi daha da ıssızlaşıp ilkelleşti. Burada ağaçlar devasa ve düzgün, güneş ışığını bütünüyle engelliyorlar. Sis asfaltın üzerini kaplayarak her şeye mistik, dünya dışı bir hava vermiş. Kasaba kasaba gezdim ama aradığım şeyi bulamadım. Akşama doğru altın sarısı güneş yol boyunca devam eden yoğun, kapkara gölgelerin ardına gizlendiğinde inancımı kaybetmeye başladım.

Sonra beni Rain Valley'ye davet eden o metal tabelayı gördüm.

Rain Valley...

Ayağımı gaz pedalından çektim. Midem daha önce hiç hissetmediğim şekilde gerildi.

Öne eğildim. Bir bakıma irademin dışında hareket ediyordum, öne doğru çekiliyordum.

Aradığım kasabayı bulduğuma inanmaktan korkuyordum. Yine yanılmış olmaktan daha da çok korkuyordum. Birkaç viraj sonra ormanın derinliklerinden çıkabildim ve yalnızca Mystic ve Rain Valley göllere yakın.

Cates Meydanı'na dönüp Rain Valley'ye doğru ilerledim.

Yolun ortasında frene bastım.

Burası "benim" kasabam.

Belki de değil.

Arabayı yol kenarına çekip indim. Havadaki nemi hissediyor, suların yapraklardan ve ağaç dallarından damlayıp yoldaki çukurları doldurduğunu duyabiliyorum ama aslında yağmur yağmıyor. Kaldırıma vardığımda güneş bulutların arasından çıkıp çimenleri aydınlattı. Çiy bu yeşil halının üstünde parıldıyor.

Twilight Zone dizisinin bir bölümündeyim sanki. Kasaba hatırladığım kasabanın âdeta bir kopyası. Ortasında bir park var ama rüyamdaki gibi bir park değil bu. Parkın da ortasında bir kameriye var. Açmak üzere olan morsalkımlarla dolmuş. Beton sıralar ve fıskiyeler her yeri doldurmuş. Sol taraf, piknik masalarıyla dolu bir barbekü alanı. Küçük bir havuz güneş ışığını oburca kendine çekiyor, dalgalanan yüzeyi her an alev alacakmış gibi görünüyor.

Koltuk değneğime yaslanıp süngerimsi çimlerin üstünden kasabanın ana caddesine geçtim. Benim kasabam, Pati Büyücüsü evcil hayvan dükkânı, Saç Uzmanı güzellik salonu ve Çiy Damlası restoranı gibi sevimli isimleri olan, büyük pencereli, ahşap binalardan oluşuyordu.

Lulu'nun kuaför salonunun önünde durdum. Sol tarafımda Yağmur Damlası restoranı var.

Yalnızca dondurmacı ve kilise hayal ettiğim gibi.

Bu görüntü rüyamdakine o kadar yakın ki midem bulanmaya başladı.

Ben buraya gelmiş miydim yoksa gelmemiş miydim?

Delirdim mi? Beynim hasar mı gördü?

Kasaba tam da hayal ettiğim gibi, uçsuz bucaksız Olympic ormanlarındaki yağmur damlaları misali ışıldayan bir mücevheri andırıyor. İçinden hiç yol geçmeyen ağaçların, dağların ve el değmemiş ormanların doldurduğu milyonlarca dönümlük bir arazi. Sokak lambalarına sepetler asılmış. Yan taraflarıysa kahverengi asmalar ve kışın solan sardunyalarla dolu. Birkaç menekşe de yüzünü göstermeye cüret etmiş.

Önce restorana girdim. Kitapçıklarla dolu bir duvar olmadığı gibi bar kısmında kahve içen biri de yok. Çünkü bar yok.

Kızıl saçlarını Lucille Ball gibi toplayan yaşlıca bir kadın bana yanaşıp gülümsedi. "Yağmur Damlası'na hoş geldiniz. Size nasıl yardımcı olabilirim?" Bana plastik bir menü uzattı.

"Ben... Huzurlu Balıkçı Kulübesi'ni arıyorum."

Kadın durup kaşlarını çatarken ağır makyajlı gözleri neredeyse tamamen kapandı. "Tatlım, ben kırk yıldır burada yaşıyorum ama hiç öyle bir yer duymadım. Fakat yaşlı Erv Egin her yeri bilir. Somon mevsiminde gel."

"Buralarda bir balıkçı kulübesi var mı, peki?"

Kadın başını iki yana salladı. "Kasabamız henüz o kadar gelişmedi ama Tanrı biliyor ya, buralara birkaç turist gelse hiç fena olmazdı. Fall Nehri'nde kahvaltısıyla meşhur bir motel var. Kalaloch'ta bir dinlenme evi, bir de Port Angeles'taki Crescent Gölü'nde bir yer var ama hiçbiri balıkçı kulübesi değil. İyisi mi sen mayısta..."

"Daniel?" Onun adını mırıldanırken kendimi aptal gibi hissettim. "Bobby adında bir oğlu var."

"O'Shea'lerden mi bahsediyorsun? Spirit Gölü'ndeki..."

Kalbim bir an için durdu. "O gölde Daniel diye biri yaşıyor mu? Bobby adında bir oğlu da mı var?"

Garson bir adım geriledi. Bu kez beni iyice süzdü ve gördüklerinden pek hoşlandığı söylenemez. "Kimsin sen?"

"İsmim Joy. Onları bulmaya geldim."

"Son birkaç ayda yeterince sıkıntı yaşadılar, sonra başka sıkıntılar da geldi. Şu kaza onları mahvetti. Daha fazla sıkıntıya ihtiyaçları yok."

"Ben de çok sıkıntı çektim. Onlara zarar verecek bir şey yapmam."

Bir ömür bekledim sanki ama kadın sonunda başını salladı. "Lakeshore Drive'ın sonundalar."

Gülümsemeden edemedim. Hatta biraz histerik görünsem de küçük bir kahkaha bile attım. "Teşekkürler."

Aksayarak lokantadan çıktım. Arabama binip kaldırım kenarından uzaklaşırken kadına hangi yöne gitmem gerektiğini sormadığımı fark ettim.

Ama nasıl olsa kalbim beni oraya götürecektir. Bundan eminim.

Parktan çıkıp eski otobana girdim.

Ve ilerledim.

Hatırladığım yerde bir dönüş yoktu.

Yol ayrımına kadar gittikten sonra döndüm. Geri dönüş yolunda bütün tabelaları dikkatle inceledim ve her tabelada yavaşladım. Rain Valley'nin eski kısmında evler çok küçük ve sıkışık, caddelere ağaç isimleri verilmiş. Hiçbirinde Lakeshore Drive yazmıyor. Güneş artık iyice alçaldı, yollar karanlığa gömülüyor. Buralarda ne bir sokak lambası ne de insanlar var.

Tam tekrar dönmeye karar verdiğim anda Spirit Gölü'nün o küçük, yeşil tabelasını gördüm.

Bu isim içimi ürpertti. Kasaba yolunu takip ettim. İki kilometre gitmemiştim ki üzerinde "Dikkat: Yüksek Su" yazılı bir barikat gördüm. Nehir taşarak yolu sular altında bırakmış. En az otuz santimlik kahverengi sular asfaltı yutmuş.

Arabayı yol kenarına çekip park ettim.

Şimdi ne olacak?

Bu su basmış yol bir işaret mi? Göle doğru daha fazla gitmemeli miyim?

Yoksa yürümeli miyim? Bu yanıt beni garip bir şekilde çekti. Bu mucize gerçekse bu yolu daha önce yürümüştüm.

Belki de şimdiyi bulabilmek için geçmişi tekrar etmeliyim. Yol kenarında yatan koca kütüğü fark etmemem mümkün değil. Koltuk değnekli bir kadın eğer isterse onun üstünden geçebilir.

Ben deliyim. Kendi standartlarıma göre bile delinin tekiyim ve Tanrı biliyor ki bugünlerde alt sınırım iyice yerlerde.

Direksiyon başında oturmuş bozuk yola bakarken cep telefonum çaldı. Numaraya bakmadan da kimin aradığını biliyorum. "Selam Stacey," dedim.

"Bir saattir arıyorum."

"Burası çok ıssız. Telefonumun çekmesine bile şaşırdım. Burayı görmelisin..."

"Gezi konferansı dinlemek istemiyorum. Tamam mı?"

İçimde yeşeren ümidi kelimelere dökmeye korkuyorum ama dökmemekten daha da çok korkuyorum. Hayal ettiklerimle şu anda gördüklerim arasındaki fark beni biraz ürküttü, ne düşüneceğimi bilmiyorum. "Lakeshore Drive'a park ettim. Lokantadaki kadının dediğine göre Daniel ve Bobby O'Shea yolun sonunda yaşıyormuş."

"Vay canına," dedi Stacey heyecanla. "Onlar mı gerçekten de?"

"Umarım. Kim bilir? Brad Pitt'in *12 Maymun* filmindeki hali kadar çıldırmış olabilirim. Belki de hâlâ havaalanında sürücü koltuğunda oturmuş, düşünüyorumdur."

"Havaalanında falan değilsin. Uçağa bindiğini gördüm."

"Orada mıydın?"

"Bunu yapabileceğini düşünmüyordum."

"Evet, şey, artık eskisinden daha güçlüyüm." Bu sözleri söylerken ne kadar gerçek olduklarını da fark ettim. Şimdi daha güçlüyüm. Bu hayale erişebilecek kadar... hayal kırıklığıyla baş edebilecek kadar güçlüyüm.

Önemli olan sonunda bir adım atmış olmam. Daniel ve Bobby gerçek olsun ya da olmasın... Yakında banka hesabımda iki yüz doksan bin dolarım olacak. Bu da bana kesinlikle bir yerden başlama özgürlüğü verecek ve burası da olmak istediğim yer.

Ön camdan dışarıya baktım. Yağmur damlaları camı ıslatmamış. "Vakit geldi," dedim Stacey'ye.

"Beni habersiz bırakma."

"Bırakmam." Bunu söylediğimde bile aynı sözü verdiğim Bobby'yi düşünmekten kendimi alamadım.

Telefonu kapatıp çantama attım ve çantamı omzuma takarak arabadan indim.

Dünya ışıl ışıl ve günün son ışınları gözden kayboluyor. Yolun iki yanındaki ağaçlar rüyamdaki kadar büyük. Birçoğunun boyu altmış metreye kadar uzanıyor, gövdeleriyse bayrak direkleri kadar düz. Yapraklar da bu gövdelerin arasında darmadağınık bir halde büyüyor. Ağaç kabuklarından dallara, parmaklıklardan taşlara varana kadar her şey yosunla kaplanmış. Koltuk değneklerimden destek alarak dikkatlice hızla akan suyun üstündeki kütüğe basıp diğer tarafa geçtim. Tekrar toprağa ayak bastığımda aksayarak yola çıktım ve ilerlemeye başladım. Koltuk değnekleri beni yavaşlatıyor ama bir kez olsun durup dinlenmedim.

Bir kilometre kadar yürümüştüm ki kıyıya vuran gölün sesini duydum.

Dönemeci döndüğümde kendimi kiraz ağaçlarının sıralandığı garaj yolunda buldum. Yolun sonunda büyük, üstü kapalı bir verandası olan eski bir Viktoryen malikânesi çıktı karşıma. Yüzyılın başında kereste tüccarlarının inşa ettirdiği evlere benziyor. Çatısı yosun kaplı bir tepeyi andırsa da, verandası bir kenara kaymış olsa da büyüleyici görünüyor. Girişteki elle oyulmuş ahşap tabela beni Spirit Gölü Pansiyonu'na davet ediyor.

Her iki yanında iki ek bina var. Bunlar küçük, çatıları padavra kaplı, kırık camlı ve bacaları harap halde binalar.

Araç yolunda mavi kapılı kırmızı bir pikap yok.

Göle doğru uzanan bir iskele yok.

Kıyıda sandallar ve kayıklar yok.

Baharın geldiğine işaret eden bakımsız bir sebze bahçesi de yok. Aslında hiçbir çevre düzenlemesi yapılmamış. Yol boyunca sıralanıp ön kapıya kadar gelen pembe çiçekli kiraz ağaçlarından başka hiçbir şey yok. Ağaçlar ve göl dışında tanıdık hiçbir şey görünmüyor.

Daha önce böyle bir yeri hiç görmemiştim.

Buna rağmen göl kenarında tam da benim "gördüğüm" gibi bir salıncak var.

Ben deliyim.

Belki de gerçekten burada değilim. Bu korkunç düşünce zihnimden geçti. Belki de hâlâ hastanede, beni uyutan ilaçları içiyorum.

Komadayım.

Matrix'teki Neo'nun kurtarılmadan önceki haliyim.

Ben...

"Yeter, Joy."

Gerçek bir irade gücü gerekti ama yoluma devam ettim.

* * *

Bozuk asfalt yolun sonundaki alana yürüdüm ve tam eve yönelirken bir gürültü duydum. Rüzgârla birlikte kulağıma gelen bir çocuk sesi bu.

Bobby.

Sesin geldiği tarafa doğru dönüp dinledim. Bu o... Koltuk değneklerime daha sıkı tutunup salıncakların yanından ağaçların arasına yürüdüm.

İşte orada, ağaçların arasında oyuncaklarıyla oynuyor. Devasa ağaçlar onu koruyup kolluyor. Gün batımı mor renkli ışınlarını sarkan dallara vurmuş. Eğrelti otları ve yosunlar yemyeşil.

Ona doğru aksayarak yürürken kalbim küt küt atıyor. Süngerimsi, ıslak zemin ayak izlerimi siliyor. Ben ona, "Selam, Bobby," diyene kadar beni görmedi.

Sesimi duyduğu anda elleri donup kaldı. Oyuncakları takırdayarak devrildi ve sessizliğe gömüldüler. Yavaşça dönüp bana baktı.

Siyah, kıvırcık saçları, parlak mavi gözleri, uzun kirpikleri ve iki eksik dişiyle tıpkı hayallerimdeki gibi.

Ama kaşlarını çatarak bana bakması daha önce görmediğim bir ifade.

"Bobby?" dedim şaşkınlık dolu bir dakikanın ardından.

"Benim, Joy."

Bobby gülümsemiyor. "Tabii canım."

"Gitmek zorunda olduğum için çok özür dilerim, Bobby."

"Zaten herkes senin bir *hayal* olduğunu söylüyordu."

"Sanırım o zaman öyleydim. Ama artık gerçeğim."

Bobby kaşlarını çattı. "Yani..."

"Buradayım, Bobby."

Çocuğun gözleri umutla doldu. Bu umuttan kurtulmaya çalışması bugüne dek gördüğüm en üzücü görüntü. "Artık buna kanmayacağım. Deli olmak istemiyorum."

"Ne demek istediğini anlıyorum."

"Beni kandırmaktan vazgeç." Bunu söylerken sesi titredi. Aklını başında tutmak ve bir yetişkin gibi görünmek için ne kadar uğraştığını görebiliyorum. Ve bana yeniden inanmak istediğini de...

"Bunun mümkün olmadığını biliyorum," diye fısıldadım. "Çılgınlık gibi göründüğünü de biliyorum ama bana bir kez daha güvenebilir misin?"

Kristin Hannah

"Nasıl?"

"Buraya gel."

Bobby başını iki yana salladı. "Korkuyorum."

Gülümsedim. Böylesi bir dürüstlük bizi delilikten kurtarırdı. "Ben de öyle. Lütfen bana bir kez daha inan." Aynı şeyleri ona söylediğim Noel sabahını hatırlamadan edemedim.

Yavaşça ayağa kalkıp bana doğru geldi. Tam elimi tutacakken durdu. Elini uzatmadı. "Sen gerçek misin?"

"Beni ilk gördüğünde de böyle söylemiştin, hatırladın mı? O zamanlar ne demek istediğini bilmiyordum, anlamamıştım. Ama şimdi gerçeğim, Bobby. İnan bana."

Bana dokunmadı ama gözlerinde umudun yeşerdiğini gördüm. "Sözünü tutmadın."

"Haklısın ve özür dilerim."

"Neden koltuk değneklerin var?"

"Bu uzun bir hikâye."

"Geri dönmeni bekledim. Her gün..." Sesi boğuldu. Ağlamamak için kendini nasıl da tuttuğunun farkındayım.

"Sana bir hediyem var," dedim usulca.

"Gerçekten mi?"

Elimi cebime uzatırken bir yanım cebimin boş olacağından korkuyor.

Ama boş değil. Parmaklarım o soğuk, pürüzsüz taşı kavradı. Sonra taşı cebimden çıkarıp ona uzattım. Beyaz, sivri uçlu taş avucumun içinde küçük bir kalp gibi duruyor.

Bobby'nin nefesi kesildi. "Hem de beyaz... Annem bana hep..."

Ona doğru yürüyüp dizimi toprağa koydum. "Bana bu taşın yerini o gösterdi. Noel arifesinde, sen uyurken..."

"Gerçekten mi?"

Başımı salladım. "Bazen gerçekten mucizeler oluyor sanırım."

Gözyaşları gözlerini ıslattı. Bir yetişkinin ona bu sözleri söylemesini ne kadar çok beklediğini biliyorum. Taşı benden alıp sıkıca kavradı.

"Biliyordum," diye mırıldandı. "Ben deli değilim."

"Onu hep cebinde saklayabilirsin ve korktuğunda, yolunu kaybettiğinde ya da kafan karıştığında onu tutup annenin seni ne kadar sevdiğini hatırlayabilirsin."

Kollarımı açtım.

Kendini bana bıraktı. Onu kolayca kavradım ama dengemi yitirdim. Koltuk değneklerim bir yana düştü ve birlikte yosunlu zemine yığıldık. İlk kez ona gerçekten dokunuyorum.

Yanağıma kondurduğu öpücük ıslak, kaygan... ve gerçek.

"Hey," dedi geri çekilirken, "sen sıcaksın."

"Daha önce sıcak değil miydim?"

Başını ciddiyetle iki yana salladı. "Bana dokunduğunda... rüzgâr dokunuyordu sanki."

Oturduğumuz yerde doğrulup birbirimize baktık. "Hey, Bobby O'Shea. Seninle gerçekten tanıştığımıza memnun oldum."

"Senin de annem gibi... gittiğini sandım."

Bobby'nin yanağına dokundum, hayal ettiğimden çok daha yumuşak. "Hayır, yalnızca dönüş yolunu bulmam biraz zaman aldı."

"Buraya nasıl gelmiştin?"

Bunun yanıtını bulabilecek miyim, bilmiyordum. Gerçekte Bakersfield'daki beyaz bir yatakta makinelere bağlıyken buraya nasıl geldiğimi ya da böyle bir yeri nasıl hayal ettiğimi anlayabilecek miyim? Şimdilik omuz silkip bildiğim yanıtı vermekten başka bir şey elimden gelmedi. "Mucize..."

Biraz düşündü. "Tamam."

Çocukların direnci böyledir işte. Keşke buna tutunabilseydik. Gülümsedim. "Peki, ben gittiğimden beri neler yaptın?"

Elimi tutup ayağa kalktı. "Haydi, gel." Beni çekiştirerek düzlükten eve doğru götürdü. Yavaş hareket ettiğim için sabırsızlandığını gördüm ama değneklerle ve aksayarak yürüyünce ancak bu kadar hızlı olabiliyorum. Gülerek ona yavaşlamasını söyledim.

Avluyu geçerken ormanın derinliklerinde yer alan bu yerdeki her şeyin ne kadar karanlık göründüğünü fark ettim. Burada hava çabuk kararıyor, her şeyin çok yavaş ilerlediği rüyamdaki yerden çok farklı.

Bobby elimi daha sıkı kavrayıp sola yöneldi. Evin etrafını dolaşıp küçük bir tepeye tırmandık. Orada, evin arkasında beş küçük baraka var. İkisi çok eski, üçüyse yeni.

Bobby en yakındakine, yeni olanlardan birine gitti ve kapıyı açtı. Ben de onu izleyip aksayarak eşikten geçtim.

İçerisi karanlık. Arkamdan Bobby düğmeye bastı ve oda aydınlandı.

Küçük, güzel bir barakadayız. Zemin çam ağacıyla döşenmiş, duvarlar tamamlanmamış ve göle bakan tirizli pencereleri var. Sol taraftaki kapı aralık duruyor. Oranın pençe ayaklı bir küveti olan, beyaz fayanslı bir banyo olduğunu gördüm.

"Duvarlara ne yapacağını bilemedi çünkü listede yoktu."

"Öyle mi?" Kafam karıştı. Onu sorguya çekmeme fırsat kalmadan elimi tutup beni barakadan çıkardı.

"Hepsini tamir edip yenilerini yaptı. Senin için…"

"Neden bahsettiğini anlamıyorum, Bobby. Ben…"

Bobby durup bana baktı. "Biliyorsun. Liste vardı ya…"

"Ne listesi?"

Bobby elini cebine sokup yıpranmış, sarı bir sayfa çıkardı. Kâğıt defalarca açılıp katlanmış gibi yıpranmış görünüyor. Bobby onu açıp bana uzattı. "Her gün buna baktık."

İyice yıpranmış sayfaya baktım.

Figirler.

İsm değştir/rmantik

boya

ççek

dlpları tmr et

webstesi

hallrı kldır

"Öyle mi?" diye mırıldandım. Üşümediğim halde ürperdim. "Nasıl?.."

Bobby omuz silkti. Dile getirmediğim sorumun bir yanıtının olmadığını ikimiz de biliyoruz. Tıpkı sivri uçlu taş gibi bu da bir mucize. İmkânsız görünse de bir yanım buradaydı ve ardımda bu kelimeleri bırakmıştım.

"Babama döneceğini söylemiştim," dedi usulca. Bana baktığında içimi daha önce hiç tatmadığım bir sevgi doldurdu.

Eğilip onu kollarıma aldım ve ona sımsıkı sarıldım.

Önce o geri çekildi. Ben yapamadım.

Elimi tutarak, "Haydi," dedi ve beni eve doğru çekiştirdi. Avluyu geçerken rüzgâr çıktı. Etrafımız bir anda çiçek yapraklarıyla doldu. Âdeta pembe kar yağıyordu.

Bobby kapıda durup bana gülümsedi. "Haydi, ona sürpriz yapalım."

"Ah, büyük bir sürpriz olacak," dedim midemin düğümlendiğini hissederken. Bir çocuğu bir mucizeye inandırmak başka bir şey, böylesi bir umudu yetişkin bir adama aşılamak başka bir şey.

Bobby kapıyı çaldı ve evin içinde ayak sesleri yankılandı.

Bobby'nin elini daha sıkı kavradım.

Kapı açıldı ve Daniel, tıpkı onu hayal ettiğim gibi karşımda belirdi.

Rüyamdaki kadar zayıf değil ve saçları da daha kısa.

Ama Daniel işte...

Bobby heyecandan ağırlığını bir o ayağına, bir diğerine veriyor. Âdeta Macarena dansı yapıyor. Bense hâlâ taş kesilmiş halde bekliyorum. "Bak, baba. Geri döndü."

Gülümsemeye çalıştım ama yapamadım. Kapıyı kapatır ya da sırtını dönerse mahvolacağım. "Aç şu lanet olası kapıyı," dedim. Küfür edince sesim tam da Bobby'nin tahmin ettiği gibi çatladı. "Dışarısı çok soğuk."

"Joy?" Daniel'ın sesindeki şaşkınlığı, gözlerine inanamadığını fark ettim.

Bobby güldü. "Seni tanıyacağını *biliyordum.*"

Anlamıyorum. "Beni nasıl tanıdın?"

"Bobby senin milyonlarca resmini yaptı," dedi hayallerimdeki o tatlı aksanla. "Ve seni anlatıp durdu. Ama..."

"Ama ne?"

"Sen güzelsin."

Yanaklarım kızardı. Kendimi takım kaptanı tarafından ilk kez fark edilen bir genç kız gibi hissettim. Bir daha hiç hissetmeyeceğimi sandığım bir histi bu. "Bu delilik," diye fısıldadım.

"Joy." İsmimi dua eder gibi söylüyor. Bu, kalbimi sızlattı ve bana umut verdi.

Hiç düşünmeden ona yaklaşıp koluna dokundum. Koltuk değneklerim yere düştü ve orada unutuldu.

Daniel yüzüme dokununca avucunun sıcaklığını soğuk yanağımda hissettim ve bana dokunmasını ne kadar çok istediğimi fark ettim. Hiç bu kadar nazik bir dokunuş hissetmemiştim. İç çektim ve nefesimin bir bulut gibi yükseldiğini gördüm.

"Seni uzun zamandır tanıyormuş gibi hissediyorum."

Başımı salladım. "Bu delilik ama ben de aynı şeyi hissediyorum."

"Peki, gerçekte kimsin sen?"

"Joy Faith Candellaro. Bakersfieldlı bir kütüphaneciyim."

"Joy Faith, ha? Harika bir isim." Daniel geri çekilip elini savurdu. "Pekâlâ, haydi, içeri gir."

Yanından geçip aksayarak eve girdim. Bana baktığını hissediyorum ve sormak istediği düzinelerce sorusunun olduğunu da biliyorum. Biliyorum çünkü aynı soruları ben de kendime sorup durmuştum ama şimdi hayalle gerçek arasındaki dünyaların etkisine girdim.

İçeride bir resepsiyon masası falan yok. İlk fark ettiğim şey bu oldu. Eski tip anahtarlarla dolu bir duvar, broşürlerle ve turist haritalarıyla dolu bir tezgâh da yok. Tıpkı Rain Valley gibi gördüklerimin bir kısmı gerçek, bir kısmıysa hayal ürünüydü. Bundan nasıl bir anlam çıkarmam gerektiğini bilmiyorum.

Sola dönünce lobiyi gördüm. *Oturma odası.*

Tıpkı rüyamdaki gibi büyük bir taş şömine var.

Bobby'yle birlikte koyduğumuz polyester kar taneleri, plastik evler, aynadan buz pisti ve at arabaları gibi süslemeler duruyor. Noel ağacı odanın bir köşesinde, tam da benim koyduğum yerde ışıklar ve süslemelerle ışıldıyor. Onun altındaysa tek bir paket duruyor.

Uzun ve ince bir şey. Acemice ambalajlanmış ve kocaman bantlarla yapıştırılmış. Kırmızı boya kalemiyle üzerine JOY yazılmış. Benim hediyem.

İşte o an fark ettim: Ben bu yıl Noel'i yaşamamıştım. Tatilimi dezenfektan ve çiçek kokan beyaz bir odada geçirmiştim. Büyülü bir tatil sabahına uyanmamış, hediyelerimi açamamış, saatlerce Monopoly oynayamamıştım.

Kimse benim için Noel'i ertelememişti.

Şu ana kadar... Gözyaşlarım gözlerimi acıttı ama akmadı. Hayatımdaki bütün insanların içinde gerçek dünyamda bana yabancı olan bu iki kişi, Noel'lerini benim için ertelemişti. Bu nasıl mümkün olmuştu? Yoksa olmamış mıydı?

"Mart ayındayız," dedim Daniel'a bakarak. Ansızın her şeyin bir yalan olmasından korktum. "Bir yerlerde komadayım yine, değil mi?" Ondan bir adım uzaklaştım.

"İnanmaktan hiç vazgeçmedi," dedi Daniel bana. "Noel'i sensiz geçiremezdi."

"Ama ağaç..."

"Bu altıncı ağacımız."

Aksayarak ağacın yanına gittim. İğnelerini hissetmem, keskin kokusunu almam gerekiyordu. Kendi elleriyle tek tek koyduğu süslemelerdi bunlar, kısacık hayatında biriktirdiği anılar... *Bu annemin en sevdiğiydi... Onu yuvadayken yapmıştım.* En yakınımdaki dalda yeni bir süsleme var. Boyanmış, küçük, seramik bir çerçeve bu. Çocukların çömlekçilik kurslarında yaptığı tarzda bir şey. Kırmızı yeşil çerçevenin içinde üç kişinin resmi var: kocaman bir gülümsemesi olan siyah saçlı bir adam, kıvırcık saçlı bir çocuk ve kızıl saçlı bir kadın. Herbirinin altında isimleri yazıyor: Daniel, Bobby, Joy.

"Bunu senin için yaptım," dedi Bobby gülümseyerek. "Ama babam da yardım etti."

Daniel'a döndüm. Ansızın yüreğim kabardı, hassaslaştım. Hem arkadaşım hem de bir yabancı olan bu adama ne söyleyeceğimi bilemiyorum. Her an ağlayabilirim. Böylesine küçük bir şeyden ve çok az tanıdığım bu insanlardan bu kadar etkilendiğim için aptal gibi görünebilirim ama içimde bir duygu seli var. Çok, çok uzun zamandır yalnızım ve şimdi tuhaf da olsa eve dönmüş gibi hissediyorum. "Çıldırdığımı düşünüyorsunuz..."

Daniel yanağıma düşen gözyaşlarını sildi. "Asıl delilik ne, biliyor musun?" dedi güçlükle duyabileceğim kadar alçak bir sesle.

"Ne?"

"Benim yaşımdaki bir adamın mucizelere inanması..." Elini enseme götürüp beni kendine doğru çekti. "Bütün bunlar nasıl oldu ya da bu noktaya nasıl geldik bilmiyorum ama bildiğim bir şey var: Bize bir armağan sunuldu." Eğilip beni öptü ve "Mutlu Noeller, Joy Faith Candellaro," dedi. "Biz de seni bekliyorduk."

Kısacık bir öpücüktü bu. Dudaklarımız birbirine değdi, o kadar. Ama yüreğimin derinliklerine işleyerek uzun zamandır soğuk olan içimi ısıttı. Ben de ona doğru eğilip kolumu boynuna doladım ve çok uzaktan küçük bir çocuğun kıkırtısını duydum.

"Haydi, Joy," dedi Bobby. "Hediyeni açmalısın."

Ve gülümseyerek hediyemi açtım. Aldığım en güzel hediye bu.

Daniel'a bakıp, "Mucize," diye fısıldadım ve şöyle düşündüm: *Hayatımızın sonuna dek mucizelere inanacağız.*

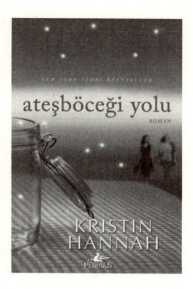

Kalbinizde bu kitap için mutlaka bir yer olmalı.
Dostluğun büyüsü üzerine olağanüstü bir roman...

"Bu muhteşem romanın sayfalarını çok hızlı geçmek istemeyeceksiniz. Kapıyı kilitleyin, telefonunuzu kapatın ve yanınıza bir paket mendil alıp koltuğunuza yerleşin (Sonra uyarmadı demeyin). Kristin Hannah'dan başka hiç kimse kadınların dostluğunu tüm acısı, tatlısıyla bu kadar güzel yazamazdı. Harika bir yazar."

—Susan Elizabeth Phillips

"*Ateşböceği Yolu*'nda Kristin Hannah, sevgi ve sadakat üzerine keskin ve unutulmaz bir roman yazmış."

—Jacquelyn Mitchard

"Hayatımızdaki en önemli şeylerden biri olan ebedî dostluk üzerine dokunaklı, enfes bir roman."

—Elizabeth Buchan

"*Ateşböceği Yolu*, okumayı neden sevdiğimizi bize bir kez daha hatırlatıyor."

—Patricia Gaffney

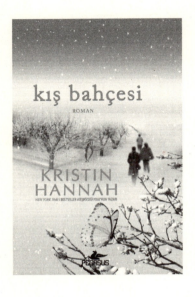

Çok satan Ateşböceği Yolu kitabının yazarından, bir anne ile kızları arasındaki karmaşık ilişkilere ve geçmiş ile gelecek arasındaki yıkılmaz bağa dair sürükleyici, yürek sızlatacak kadar etkileyici ve güzel bir roman.

Bazen annenin geçmişine bir kapı araladığında, kendi geleceğini bulursun!

"Okuyucular, anne ve kızlar yakınlaştıkça hem gülmekten hem de ağlamaktan kendilerini alamayacaklar."

—*Publishers Weekly*

Bir gün gelir, en yakınlarınız size sırt çevirebilir;
Kız kardeşiniz bile...

"Kristin Hannah, kız kardeşler arasındaki güçlü bağlar, bir aileyi parçalayabilecek tatsızlıklar ve aşkın şifa veren gücü hakkında büyüleyici bir hikâye anlatıyor. Sürprizlerle dolu samimi bir içgörü ve eski güzel günlere has bir anlatım... Merak uyandıran bu roman için şöyle denebilir: Koltuğunuza kıvrılın ve tadını çıkarın!"

—Kate Jacobs

"Hannah, kız kardeşlerin derin, duygusal ilişkilerini inceleyerek, bir çırpıda okunacak, güzel ve sürükleyici bir aşk, rekabet ve aile hikâyesi yaratıyor."

—Booklist

"Hannah, kadınların ve okuyucularının ne istediğini iyi biliyor."

—Publishers Weekly

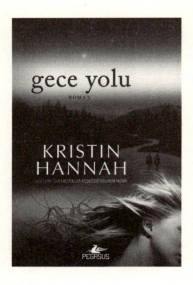

Hayat size bir dizi seçenek sunar. Beklemek... Geçmişe tutunmak... Unutmak...
Affetmek...

Siz hangi yolu seçerdiniz?

"*Gece Yolu*, insan ruhunun affetme konusundaki eşsiz gücüne dair özel bir kitap."

—*New York Journal of Books*

"*Gece Yolu*'nu okuyup da hikâyesinden ve karakterlerden etkilenmemeniz imkânsız. Kitabı bitirdikten sonra bile etkisini birkaç gün üzerinizden atamayacaksınız."

—*The Huffington Post*

"*Gece Yolu*'nu son sayfasına kadar ağlayarak okuyacaksınız."

—*The Daily Mail*

"Vay canına! Sanırım Kristin Hannah en güzel kitabını yazdı. Hannah her zaman harika hikâyeler yazıyor ama *Gece Yolu*, ilk sayfasından itibaren sizi etkisine alıp bitinceye kadar elinizden düşürmek istemeyeceğiniz türden bir hikâye."

—*Bestsellersworld.com*

Aynı şeyin özlemini çeken iki kadın... Ailenin ne anlama geldiğini öğrenecekleri
duygusal ve dokunaklı bir yolculuk...

"Harika... Çok dokunaklı... Karakterlerin sıcaklığı ve karmaşık kişilikleri derinlerde kalmış duyguları ortaya çıkarıyor."

—*RT Book Reviews*

"Hannah, okuyucuyu karakterlerin hayatına sürükleyip onları kendi arkadaşlarıymış gibi hissettirirken ailedeki acıları ve sevinçleri ele alarak neden kadın edebiyatının yıldızı olduğunu bir kez daha kanıtlıyor."

—*Booklist*

"Hannah başkahramanlarının ruh halini derinlemesine yansıtıp hislerindeki ufak farklılıkları betimlemekte çok başarılı."

—*The Washington Post Book World*

"Yürek burkucu... Hem acı hem tatlı."

—*Publishers Weekly*

Bütün evliliklerde bir kırılma noktası vardır.

Bütün aileler yara alır.

Bütün savaşların bir bedeli olur...

"Cesur, gerçekçi ve düşündürücü bir roman.
Kristin Hannah tüm kalbiyle yazan şefkatli ve inandırıcı bir yazar."

—Luanne Rice

"*Evden Çok Uzakta,* önce kalbinizi kıracak, sonra da sizi iyileştirecek."

—Janis Owens

"Bu kitap beni çok derinden etkiledi, herkese şiddetle tavsiye ediyorum."

—Francine Mara

Sevgi adına yapılan hatalar...

Yeni bir başlangıç yapabilme umudu...

Ve sadece iki kız kardeşin arasında kalacak anılar...

"Hannah bize harika bir ders veriyor: Sevgi, birbirimizin hatalarını kabullenmekten geçer."

—*People*

"*Kız Kardeşler Arasında* aşkı, samimiyet ve şefkatle ele alıyor."

—Luanne Rice

Geçmişi yaralarla dolu Tully...

Fedakârlığıyla etrafına ışık saçan Kate...

Onların dostluğunu ölüm bile bozamaz.

"Ailesi için büyük bir savaş verenlerin hikâyesi... *Ateşböceğinin Şarkısı* sizi çok şaşırtacak."

—*Publishers Weekly*

"Derin ve etkileyici karakterlerin olduğu duygu dolu bir roman..."

—*Wisconsin Bookwatch*

"Fedakârlığı, sevgiyi ve affetmeyi Kristin Hannah kadar güzel anlatabilen başka bir yazar yok."

—*Kristine Huntley*

Büyülü bir ormanın sonsuz karanlığında saklanan

mucizevi bir inci...

"Göz alıcı, vahşi ve capcanlı bir roman. Kristin Hannah her cümleyi sevgiyle kuruyor."

—Luanne Rice

"Hannah, insan ruhunun derinliklerine dokunuyor. Ümit ve neşe dolu."

—*Romantic Times*

"Daha en baştan zihninizi kuşatıp sevgi, aşk ve şefkat hisleriyle içinizi ısıtacak bir hikâye."

—*Southern Pines Pilot*

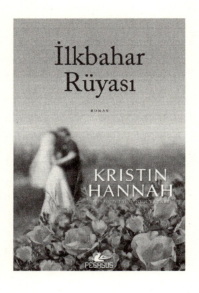

Hataların daima bir bedeli olur.
Ancak gerçek sevgi geçmişi telafi edecek sonsuz olasılıklara sahiptir...

"Duyguların önemini, bağışlamayı ve mucizelerin her an gerçekleşebileceğini anlatan şefkat dolu bir roman."

—*Publishers Weekly*

"*İlkbahar Rüyası* aşkın ve hataları telafi etmenin hikâyesini anlatıyor."

—*Library Journal*

"Sarsıcı, düşündüren ve duyguları harekete geçiren bir kitap..."

—*RT Book Reviews*

"Kristin Hannah'yı tüm dünya seviyor..."

—*Newsday*

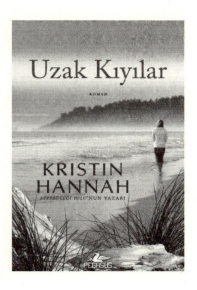

Gerçek mutluluk, hayal kırıklıklarından ders almayı öğrenmekte gizlidir.

"Kristin Hannah bir türlü yüzleşemediğimiz sorunları önümüze seriyor ve onları görmemizi sağlıyor. Evliliği, aile olmanın sorumluluğunu ve hayal kırıklıklarını anlatan enfes bir roman..."

—*Library Journal*

"Mutluluğun ancak bedel ödenerek kazanılacağını anlatan ve hepimizin hayatının merkezindeki sorunları irdeleyen hem hüzünlü hem de neşeli bir hikâye."

—*Publishers Weekly*

"*Uzak Kıyılar* en hassas duygularınıza hitap ediyor ve sizi film tadında bir yolculuğa çıkarıyor. Mutlaka okumalısınız."

—Eileen Goudge

"Nadir bulunan bir hikâye... Bu kitabı okuyan herkes Elizabeth'e bakınca kendisini görecek."

—Adriana Trigiani

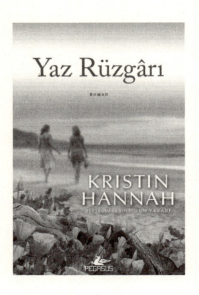

Yaz Rüzgârı

ROMAN

KRISTIN HANNAH

Kalbini nerede bıraktıysan evin orasıdır...

"Karakterlerin iç dünyasına Kristin Hannah kadar nüfuz edebilen
başka bir yazar bulabilmek çok zor."

—*Washington Post Book World*

"Yenilenmek ve tekrar sevebilmek mümkün.
Yaz Rüzgârı tüm dünyadaki anne ve kızların kalbini çalacak."

—Tulsa World

"Kalbin en derin sırlarını elinde tutan Kristin Hannah,
aşkın ve affetmenin gücünü anlatıyor."

—Tami Hoag